essentials

essentials liefern aktuelles Wissen in konzentrierter Form. Die Essenz dessen, worauf es als „State-of-the-Art" in der gegenwärtigen Fachdiskussion oder in der Praxis ankommt. *essentials* informieren schnell, unkompliziert und verständlich

- als Einführung in ein aktuelles Thema aus Ihrem Fachgebiet
- als Einstieg in ein für Sie noch unbekanntes Themenfeld
- als Einblick, um zum Thema mitreden zu können

Die Bücher in elektronischer und gedruckter Form bringen das Fachwissen von Springerautor*innen kompakt zur Darstellung. Sie sind besonders für die Nutzung als eBook auf Tablet-PCs, eBook-Readern und Smartphones geeignet. *essentials* sind Wissensbausteine aus den Wirtschafts-, Sozial- und Geisteswissenschaften, aus Technik und Naturwissenschaften sowie aus Medizin, Psychologie und Gesundheitsberufen. Von renommierten Autor*innen aller Springer-Verlagsmarken.

Dietrich von der Oelsnitz ·
Marlen Behring · Johannes Schmidt

Krisengerechtes Employer Branding

Empfehlungen für Unternehmen am Beispiel der Corona-Krise

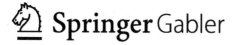

Dietrich von der Oelsnitz
Braunschweig, Deutschland

Marlen Behring
Braunschweig, Deutschland

Johannes Schmidt
Braunschweig, Deutschland

ISSN 2197-6708 ISSN 2197-6716 (electronic)
essentials
ISBN 978-3-658-39999-3 ISBN 978-3-658-40000-2 (eBook)
https://doi.org/10.1007/978-3-658-40000-2

Die Deutsche Nationalbibliothek verzeichnet diese Publikation in der Deutschen Nationalbibliografie; detaillierte bibliografische Daten sind im Internet über http://dnb.d-nb.de abrufbar.

Planung/Lektorat: Ann-Kristin Wiegmann
Springer Gabler ist ein Imprint der eingetragenen Gesellschaft Springer Fachmedien Wiesbaden GmbH und ist ein Teil von Springer Nature.
Die Anschrift der Gesellschaft ist: Abraham-Lincoln-Str. 46, 65189 Wiesbaden, Germany

Was Sie in diesem *essential* finden können

- Eine zeitgemäße Einführung in das Thema Employer Branding
- Inhaltliche Relevanz des Aspekts der Krise bzw. des professionellen Krisenmanagements für Unternehmen (hier vor dem Hintergrund der Corona-Krise)
- Empirische Studie zu den Auswirkungen der Corona-Krise auf das betriebliche Employer Branding
- Akzentuierung der Hauptaufgaben Personalgewinnung und Personalbindung
- Ansatzpunkte zur Ausgestaltung krisensicherer Employer Branding-Maßnahmen

Inhaltsverzeichnis

Über die Autoren

Dietrich von der Oelsnitz, Dr. rer. pol. habil., o. Universitätsprofessor. Studium der Wirtschaftswissenschaften an der TU Braunschweig sowie der Betriebswirtschaftslehre an der Georg-August-Universität Göttingen. Seit Oktober 2007 Leiter des Instituts für Unternehmensführung und Organisation an der Technischen Universität Braunschweig. Arbeitsschwerpunkte: Leadership, Strategisches Management und Kooperationsforschung.

Marlen Behring, M.Sc. Masterabschluss als Wirtschafts- und Bauingenieurin 2021 an der Technischen Universität Braunschweig. In ihrer Masterarbeit hat sie sich mit den Auswirkungen der Corona-Krise auf das Employer Branding von Unternehmen befasst und bereits erste Ansätze eines krisengerechten Employer Branding entwickelt. Inzwischen führt sie gemeinsam mit ihren Eltern die Wiese-Behring GmbH, ein Verpackungsunternehmen, in der vierten Generation.

Johannes Schmidt, M.Sc. Studium der Betriebswirtschaftslehre mit Schwerpunkt Personal- und
Verhaltensorientiertes-Management an der Universität des Saarlandes. Seit 2016 wissenschaftlicher
Mitarbeiter und Doktorand am Institut für Unternehmensführung und Organisation der Technischen Universität Braunschweig. Sein Forschungsgebiet ist:
Evidenzbasiertes (HR-)Management.

Fachkräftemangel und „Big Quit"

1

Zusammenfassung

„Great Resignation" ist in den USA ein weithin bekanntes Phänomen, das vor allem hochqualifizierte Mitarbeiter betrifft. Trotz positiver Konjunktursignale häufen sich hier Kündigungen. Aber nicht nur in Amerika ist dieses Phänomen, auch als „The Big Quit" bezeichnet, zu beobachten. Auch hierzulande wurde zuletzt eine zunehmende Wechselbereitschaft registriert. Eine Beschreibung der aktuell am deutschen Arbeitsmarkt vorherrschenden Situation – insbesondere mit Blick auf die geänderten Präferenzen und Erwartungen von Arbeitnehmerinnen und Arbeitnehmern – und die damit einhergehenden Herausforderungen für Unternehmen sind Gegenstand dieses einführenden Kapitels.

In den USA macht seit Längerem der Begriff „Great Resignation" die Runde. Obwohl sich die Konjunktur nach diversen Corona-Wellen und trotz des Ukraine-Krieges allmählich wieder erholt, kündigen vor allem hochqualifizierte Mitarbeiter – pro Monat bisweilen über vier Millionen im Land. Dieses ursprünglich amerikanische Phänomen, auch als „The Big Quit" bezeichnet, ist längst in Deutschland angekommen. Hierzulande wurde zuletzt eine zunehmende Wechselbereitschaft registriert: So liebäugelte Ende 2021 fast jeder zweite Arbeitnehmer mit einer Kündigung oder einer längeren Arbeitspause (vgl. Backovic, 2019).

Dabei gehen die Besten immer zuerst, gerade, wenn die Identifikation mit dem Arbeitgeber abnimmt. So ist zu beobachten, dass in den Krankenhäusern und Pflegeheimen Tausende von Patienten und Senioren leiden, weil zu wenig helfende Hände da sind. Restaurants sträuben sich neuerdings auch in Großstädten gegen die Aufnahme einer Bestellung nach 20 Uhr, weil in der Küche zwar Grill und

D. von der Oelsnitz et al., *Krisengerechtes Employer Branding*, essentials, https://doi.org/10.1007/978-3-658-40000-2_1

Abb. 1.1 Die Berufe mit den größten Fachkräftelücken. (Quelle: IW-Berechnungen auf Basis von Sonderauswertungen der BA und der IAB-Stellenerhebung, 2022)

Töpfe vorhanden sind, aber kein ausgebildeter Koch. Und wer soll die Windräder oder Wärmepumpen bauen, die es für die „grüne Transformation" der Wirtschaft braucht (vgl. Bernau et al., 2022, S. 16)? Weiterhin ist zu beobachten, dass viele Fluggesellschaften Flüge streichen müssen, weil es an Bodenpersonal zur Abfertigung der Passagiere fehlt. Nach Schätzungen des Flughafenverbands ADV betrifft das rund 20 % der Mitarbeiter; das sind etwa 5500 Beschäftigte, die vor Corona noch aktiv waren. Lange Abfertigungszeiten sind noch die mildeste Folge (vgl. Koenen, 2022). Auch im Automobilbau und der Elektroindustrie besteht ein hoher Bedarf an Personal, signalisiert das Ifo-Beschäftigungsbarometer (vgl. ifo, 2022). Für eine Übersicht zu den zehn Berufen mit den größten Fachkräftelücken siehe Abb. 1.1.

Schätzungen des Instituts für Arbeitsmarkt- und Berufsforschung (IAB) in Nürnberg zufolge fehlen in Deutschland (Stand zweites Quartal, 2022) insgesamt rund 1,93 Mio. Arbeitskräfte – so viele wie nie zuvor (vgl. IAB, 2022; siehe dazu Abb. 1.2). Dadurch spitzt sich der Fachkräftemangel weiter zu. Für eine auf Wachstum ausgelegte Wirtschaftsordnung ist das Gift. „Unsere Herausforderung wird künftig nicht mehr Arbeitslosigkeit sein, sondern Arbeiterlosigkeit" – so fasst der Geschäftsführer von StepStone Deutschland, Sebastian Dettmers, die aktuelle Situation auf dem Arbeitsmarkt zusammen (Dettmers, 2022). Und der Präsident des Wirtschaftsforschungsinstituts RWI, Christoph Schmidt, wird in der *WirtschaftsWoche* zitiert, dass der eskalierende Arbeitskräftemangel neben dem

Abb. 1.2   Offene Stellen auf dem deutschen Arbeitsmarkt. (Quelle: Institut für Arbeitsmarkt und Berufsforschung, IAB-Stellenerhebung, 2022)

Klimawandel „die größte wirtschaftspolitische Herausforderung der kommenden Jahre – wenn nicht Jahrzehnte" ist (vgl. Bernau et al., 2022, S. 16).

Neue Präferenzen und Erwartungen
Angesichts dieser sich derart dramatisch verschärfenden Personalsituation treten wir unweigerlich in eine neue Zeit ein. Dieser Wandel trifft zugleich auf eine Arbeitnehmergeneration mit zum Teil deutlich veränderten beruflichen Ansprüchen und Erwartungen.

Drei Trends sind hier auszumachen:

- Individuelle Freiheitsgrade erhalten auch in der beruflichen Sphäre eine immer größere Bedeutung. Immer mehr Mitarbeiter fordern flachere Hierarchien, freie Ortswahl und selbstbestimmtes Arbeiten mit größtmöglicher Zeitautonomie ein. Es zeichnet sich ab, dass die Bundesregierung in Kürze ein „Recht auf Home-Office" einführen wird. Viele Mitarbeiter erwarten auch eine andere Führungshaltung, in der Peer Groups den herkömmlichen Amtsträger ersetzen. Die klassische, kontrolldominierte Führung „von oben" ist dementsprechend unbeliebt.
- Darüber hinaus erwarten heutige Beschäftigte eine deutlich stärkere Rückbindung an den Sinngehalt ihres beruflichen Tuns. Der vom US-Coaching-Anbieter Better Up erstellte „Meaning and Purpose at Work Report", der 2018

über 2000 Amerikaner aus 26 Branchen befragt hat, ergab, dass neun von
zehn Befragten „money" gegen „meaning" eintauschen würden – und dafür
durchschnittlich bereit wären, 23 % ihres zukünftigen Gehalts zu opfern. Dies
entspräche ca. 20.000 US$ im Jahr (vgl. Achor et al., 2018).

- Und drittens erwarten immer mehr Arbeitnehmer ein ethisch unterlegtes Mana-
  gerhandeln: In einer Umfrage des Edelman Trust Barometer forderten 86 %
  der Befragten von ihren Vorgesetzten nachdrücklich „moral leadership" ein –
  und 48 % bestätigten im Gegenzug, dass ihr direkter Vorgesetzter „niemals"
  nach ethischen Grundsätzen entscheiden würde (vgl. Seidman, 2020).

Offenbar gilt in vielen Bereichen der Arbeitswelt heute: Mehr Gehalt zu bekommen ist schön, aber nicht zwangsläufig auch ein intrinsischer Motor. Vor allem
die Spitzenleute wollen heute insbesondere über Werte, persönliche Entwicklungsmöglichkeiten und Sinnfragen reden – und nicht über formale Titel oder
die Größe ihres Büros. Gut qualifizierte Wissensarbeiter des 21. Jahrhunderts
verlangen nach höherwertigen Stimulanzien: Sie wollen von einem Unternehmen, dessen Geschäftsmodell und dem Wertversprechen als guter Arbeitgeber
überzeugt, wenn nicht beeindruckt werden. Und sie wollen in ihrer Individualität anerkannt werden, aber auch selbst anerkennen (vgl. von der Oelsnitz, 2022,
S. 18).

Zu einer ähnlichen Einschätzung kommt auch der ehemalige Chef der Bundesagentur für Arbeit, Detlef Scheele, indem er in einem Gastkommentar für
die *WirtschaftsWoche* konstatiert, dass sich der Arbeitsmarkt in Deutschland zu
einem Arbeitnehmermarkt gewandelt hat. Demnach müssen Unternehmen verstärkt darüber nachdenken, wie sie den individuellen Interessen und Bedürfnissen
von Bewerbern gerecht werden können, um sich im Wettbewerb um qualifizier-
tes Personal gegenüber anderen Unternehmen zu profilieren (vgl. Scheele, 2022,
S. 10).

Sie fragen sich nun vielleicht, wie Sie angesichts der mit der Corona-Krise
einhergehenden wirtschaftlichen, aber auch technischen und organisatorischen
Herausforderungen in Ihrem Unternehmen den veränderten Bedürfnissen sowohl
der potenziellen Bewerber als auch Ihrer bestehenden Stammbelegschaft gerecht
werden können? Unsere Antwort in diesem Buch lautet: Durch ein krisengerechtes Employer Branding. Das heißt konkret: Unternehmen benötigen gerade
in Zeiten einer tieferen Krise eine klar positionierte und zudem glaubwürdige

Arbeitgebermarke, mit der im Wettbewerb um die besten Köpfe eine nachhaltige und zugleich differenzierende Positionierung des eigenen Unternehmens als attraktiver Arbeitgeber erreicht werden kann.[1]

▶ **Wichtig** Unternehmen benötigen gerade in Zeiten einer tieferen Krise eine klar positionierte und zudem glaubwürdige Arbeitgebermarke, mit der im Wettbewerb um die besten Köpfe eine nachhaltige und zugleich differenzierende Positionierung des eigenen Unternehmens als attraktiver Arbeitgeber erreicht werden kann.

In diesem *essential* möchten wir Ihnen anhand einer eigens durchgeführten qualitativen Studie zeigen, welche Auswirkungen die Corona-Krise auf das Employer Branding von Unternehmen hat und wie Unternehmen mit den diesbezüglich bestehenden Herausforderungen der Corona-Krise konstruktiv umgehen können. Den theoretischen Rahmen hierfür bilden die Kap. 2 und 3. Dort werden zunächst die für dieses Buch zentralen Konzepte „Employer Branding" und „Unternehmenskrise" erläutert. Dabei präzisieren wir die Funktionen, positiven Effekte sowie Bedeutung einer starken Arbeitgebermarke für den Unternehmenserfolg. Wir konzentrieren uns dabei auf die Corona-Pandemie als Spezialfall einer – in unseren Augen – Begegnungskrise. Man könnte in gewisser Weise auch von einer Krise „des Büros" oder „der Werkhalle" sprechen. Konjunkturelle Krisen oder einzelbetriebliche Wachstums- und Ergebniskrisen klammern wir in diesem Buch aus.

Zudem legen wir einen idealtypischen Employer Branding-Prozess zugrunde, so wie er in der Literatur allgemein beschrieben wird. Wir gehen dabei davon aus, dass in den erfolgreichen Unternehmen unserer Zeit Übereinstimmung darüber herrscht, dass es letztendlich nicht nur darauf ankommt, „gute Leute" für das eigene Unternehmen zu gewinnen, sondern mindestens so sehr auch darauf, die eigenen Beschäftigten langfristig an sich zu binden. Kap. 3 beinhaltet darüber hinaus einen Überblick spezifischer Auswirkungen der Corona-Krise auf Unternehmen und ihre Arbeitnehmer.

Kap. 4 widmet sich dann der Darstellung unserer empirischen Untersuchung; unterteilt in methodische Vorüberlegungen (Abschn. 4.1) und zentrale Ergebnisse der Befragung von ausgewählten Experten im Bereich des Employer Branding (Abschn. 4.2). Ein Fazit mit Ausblick schließt unser Buch in Kap. 5 ab.

---

[1] Da die Corona-Krise global alle Unternehmen (be)trifft, verzichten wir mit Blick auf die kommenden Ausführungen in diesem *essential* auf eine genaue Differenzierung nach unterschiedlichen Branchen oder Berufsgruppen.

Ausgangspunkt und Nutzen eines professionellen Employer Branding

2

Zusammenfassung

Im Folgenden wird die Relevanz einer wirkungsvollen – d. h. intern resonanzfähigen und extern ausstrahlenden – Arbeitgebermarke (englisch: Employer Brand) für den Unternehmenserfolg erläutert. Dazu werden definitorische und thematische Grundlagen sowie relevante Aktivitätsfelder und auszugsweise auch die wissenschaftliche Evidenz von Aktivitäten im Employer Branding dargestellt. Zudem beinhaltet dieses Kapitel eine Einführung in einen idealtypischen Employer Branding-Prozess, wie er in der Literatur gemeinhin beschrieben wird.

Es war die global agierende Beratungsfirma McKinsey & Company, die 1998 eine aus heutiger Sicht nahezu hysterische Spirale in Gang setzte und dem stetig wachsenden Wörterbuch der Managerkaste den Begriff „Talent" hinzufügte. Dies geschah, als sie im Jahr 1998 ihren quartalsweise an Kunden geschickten Infobrief mit dem Titel „War for Talent" versah. Da man bei McKinsey um die kurze Aufmerksamkeitsspanne der meisten Empfänger des Quarterly-Infobriefes wusste, versah man den Beitrag mit einer knalligen Überschrift. Die Formulierungen in der besagten Ausgabe erinnerten beinahe an Zeitungsreportagen aus einem Kriegsgebiet: „Es herrscht ein Krieg um Talente, und der wird sich noch verschärfen" – so eine der Abschnittsüberschriften (vgl. Chambers et al., 1998).

Diese Botschaft war eine Wohltat für eine bestimmte Gruppe von Managern, die bis dahin immer darunter gelitten hatte, dass ihre als wichtiger erachteten Kollegen aus den Aufgabenbereichen Prozessmanagement, Finanzen oder Marketing auf sie selbst mit einer gewissen Geringschätzung herabgeschaut hatten:

© Der/die Autor(en), exklusiv lizenziert an Springer Fachmedien Wiesbaden GmbH, ein Teil von Springer Nature 2023
D. von der Oelsnitz et al., *Krisengerechtes Employer Branding*, essentials, https://doi.org/10.1007/978-3-658-40000-2_2

Wir sprechen hier von den betrieblichen Personalmanagern, deren Zuständig-keitsbereich heute als Human Resources bezeichnet wird. Deren Hauptbotschaft war: Es sind nicht so sehr die schlanken Produktionsprozesse oder die effizienten Organisationsstrukturen, die den Unterschied zwischen erfolgreichen und weni-ger erfolgreichen Unternehmen ausmachen, sondern eher das Können und Wollen des Personals. Verwiesen wurde im McKinsey-Infobrief auf eine Grafik, der die Autoren den ominösen Namen „Beweismittel Nr. 1" verliehen hatten. Sie zeigte unter Bezug auf angeblich von den Vereinten Nationen beglaubigte demografi-sche Studien, dass sich ab dem Jahr 2000 der Anteil der 35- bis 44-Jährigen an der US-Bevölkerung bei nur noch rund 15 % einpendeln würde (vgl. Suzman, 2021, S. 323).

Die damalige Prognose ignorierte allerdings gleich mehrere Faktoren: Zum einen die realen Entwicklungen im sich immer weiter aufwertenden Bildungsbe-reich, zum anderen die Tatsache, dass sich Jahr für Jahr – insbesondere von den großen Ausbildungseinrichtungen der USA – eine wachsende Zahl von Hochschulabsolventen auf den Arbeitsmarkt ergoss. Unerwähnt in dem besag-ten McKinsey Quarterly blieben schließlich auch die Potentiale, die sich aus der anwachsenden Einwanderung (z. T. gespeist aus einem weltumspannenden Markt für Top-Managertalente) aus fast allen Ländern der Erde ergaben. Das Redakti-onsteam von McKinsey & Co. jedenfalls nutzte die positive Resonanz der Furore machende Quarterly-Broschüre für ein weiteres Projekt: Ein zum Bestseller avan-ciertes Buch mit dem wenig überraschenden Titel „The War for Talent". Kein Wunder, dass andere Consulting-Firmen nach und nach auf den Zug aufsprangen und damit der Prognose von McKinsey zusätzlichen Rückenwind verliehen (vgl. Suzman, 2021, S. 324 f.).

Akademiker und angriffslustige Professoren, wie etwa Jeffrey Pfeffer von der Stanford Graduate School of Business, erklärten das Narrativ von den knappen „Toptalenten" zu barem Unsinn. Pfeffer verfasste dazu einen Artikel mit dem pro-vozierenden Titel „Fighting the war for talent is hazardous to your organization's health" (Pfeffer, 2001). Auch der bekannte Journalist Malcolm Gladwell stieß in dieses Horn, er schrieb im New Yorker einen schneidenden Verriss und war der Ansicht, überbezahlte McKinsey-Manager hätten hier eine Lawine losgetreten, um dem Mythos ihrer eigenen Brillanz und Bedeutung noch einmal Nachdruck zu verleihen (vgl. Gladwell, 2002).

Nun, dieser kurze historische Ausflug sei den Autoren an dieser Stelle ver-ziehen. Er soll den aus heutiger Sicht zweifellos bestehenden Tatbestand einer beträchtlichen Fachkräftelücke nicht negieren, sondern zeigen, dass die drohende Gefahr, die hieraus für die florierenden Wirtschaftsräume der Erde entsteht bzw. entstehen könnte, zumindest schon länger von weitsichtigen Wissenschaftlern und Praktikern erkannt wurde. Möglicherweise war beides damals aber etwas zu großspurig: Das alarmistische Ausrufen einer riesigen Talente-Lücke durch McKinsey-Manager genauso wie die scharfe Kritik an diesem Szenario. Der Ausdruck „War for Talent" hat sich jedenfalls fest etabliert und ist mittlerweile zu einer geläufigen Redewendung geworden.

Heute, gut zwei Jahrzehnte später, stellt sich die Situation so dar, dass die Digitalisierung der Arbeitswelt mit rasender Geschwindigkeit weiter voranschreitet und somit in vielen Bereichen inzwischen eine deutlich verschärfte demographische Situation vorliegt. „Obendrauf" kam ab 2020 das Einsetzen der Corona-Pandemie, durch die viele Unternehmen mit zusätzlichen, so noch nie gekannten Einschränkungen konfrontiert wurden. Speziell Wirtschaftsorganisationen müssen insbesondere auf zwei zentrale Herausforderungen reagieren:

1. stetig neue Mitarbeiterinnen und Mitarbeiter für sich zu gewinnen und
2. bestehende Mitarbeiter möglichst langfristig an das eigene Unternehmen zu binden bzw. ihre Loyalität zu erhalten (wenn nicht angesichts kompetitiver Abwerbungsversuche sogar noch weiter zu erhöhen).

Insofern stellt sich die Frage, wie sich ein Unternehmen als attraktiver Arbeitgeber positionieren kann, um einerseits die virulenten Wünsche von Bewerbern zu erfüllen und andererseits auch den Anforderungen der bestehenden Belegschaft gerecht zu werden. Unsere Antwort lautet: Durch ein geeignetes Employer Branding-Konzept.

Der *Begriff Employer Branding* (Arbeitgeber-Markenbildung) wurde erstmalig 1996 von Ambler und Barrow formuliert (vgl. Ambler & Barrow, 1996; Mosley, 2007, S. 130). Der Ursprung des Konzepts liegt vor allem im Marketingbereich (vgl. Edwards, 2010, S. 5), dessen eigentliches Wesen letztlich in der Anbahnung und Förderung von Austauschbeziehungen zu sehen ist (vgl. Fritz et al., 2019, S. 28 f.). Hier nutzen Unternehmen gezielte Branding-Strategien, um eine spezifische Produkt- oder Unternehmensmarke aufzubauen oder eine bestehende Marke weiterzuentwickeln. Die Unternehmensmarke (Corporate Brand), die sich z. B. auch sichtbar in einer Vision oder einem ausformulierten Unternehmensleitbild manifestieren kann, bezieht sich i. d. R. auf eine Unternehmung als Ganzes. Demgegenüber wird im Human Resource Management (HRM) eine Arbeitgebermarke entwickelt, die sich intern vor allem an die eigene Belegschaft richtet und zusätzlich extern positiv auf potenzielle Bewerber wirken soll.

Die Arbeitgebermarke (Employer Brand) sollte integrativer Teil der Unternehmensmarke sein, um dadurch positive Spillover-Effekte erzielen zu können

(vgl. Scholz, 2011, S. 202). Zum Beispiel lautet der Slogan, mit dem McKinsey & Company heute um Talente wirbt „Building Global Leaders". Damit wird
potenziellen Bewerbern signalisiert, dass McKinsey ein weltweit aufgestelltes
Unternehmen ist, bei dem man systematisch auf eine internationale Führungs-
position vorbereitet wird. Gleichzeitig wird potenziellen Klienten dadurch der
Eindruck vermittelt, dass man bei McKinsey in guten Händen ist – schließlich
sind dort nur die Besten der Besten tätig (vgl. von Redwitz, 2016, S. 10)!

Allerdings hat sich in der Literatur bislang noch keine einheitliche Definition von *Employer Branding* etabliert. Eine Übersicht zu unterschiedlichen
Definitionsansätzen liefert Tab. 2.1, auf die wir im Folgenden näher eingehen
werden.

Vergleicht man die Definitionen aus Tab. 2.1, so zeigt sich zunächst, dass
Employer Branding allgemein einen Prozess darstellt, der die Entwicklung,
Kommunikation und Vermarktung der Arbeitgebermarke eines Unternehmens
umfasst (vgl. Backhaus, 2016, S. 195; Lloyd, 2002, zitiert nach Berthon et al.,
2005, S. 153). Dabei liegt ein besonderer Fokus auf dem Aufbau einer klar
identifizierbaren, gut wahrnehmbaren und zudem authentisch vermittelten Arbeitgeberidentität (vgl. Backhaus & Tikoo, 2004, S. 502; Sivertzen et al., 2013,
S. 472). Das Adjektiv „authentisch" bedeutet in diesem Fall, dass das oberste
Gebot aller Aktivitäten im Employer Branding darin besteht, *Menschen die Wahrheit zu sagen.* Dies ist sowohl ein moralisches als auch ein pragmatisches Gebot;
denn: „Ein Paradies auf Erden zu versprechen führt möglicherweise zu früher
Fluktuation in den ersten Monaten, [da] neue Mitarbeiter und Mitarbeiterinnen
feststellen, dass doch nicht alles so ist, wie es der neue Arbeitgeber nach außen
hin darstellt" (Trost, 2022, S. 33).

In diesem Sinne bildet beim Employer Branding in erster Linie die jeweilige
Arbeitgeberidentität das Fundament für den Aufbau des konkreten Arbeit-
geberimages, welches sich wiederum entscheidend auf die faktische Reputation
eines Unternehmens auswirkt (siehe Abb. 2.1). Die Arbeitgeberidentität spiegelt
die organisationsinterne Wahrnehmung zu den Kerncharakteristika des Arbeit-
gebers wider (vgl. Lievens & Slaughter, 2016, S. 410). Das Arbeitgeberimage
nimmt eine zentrale Rolle im gesamten Employer Branding-Prozess ein und
bedarf schon von daher einer systematischen Entwicklung (vgl. dazu analog mit
Blick auf die Unternehmensmarke Argenti & Druckenmiller, 2004). Wir wollen noch präzisieren: Das Arbeitgeberimage steht gemäß einer schon klassischen
Definition generell für die „Meinung, die sich Menschen am Arbeitsmarkt über
einen Betrieb bilden oder gebildet haben" (Fried, 1963, S. 173). Ein Arbeitgeberimage kann aus der Perspektive eines potenziellen Arbeitnehmers natürlich
mehr oder weniger attraktiv sein; am Ende gleicht der Bewerber das Image, das

Tab. 2.1 Ausgewählte Definitionsansätze von Employer Branding

Autor(en)	Definition Employer Branding
Kurniawan et al. (2020, S. 291)	„Employer branding is a method from a company to attract high potential talent in the labour market. Organizations must try to make them different from competitors and to be seen as attractive employers for the prospective applicant or current employees."
Backhaus (2016, S. 195)	„[Employer branding is a] process, which involves the development of an employment value proposition and the marketing of that proposition both externally and internally."
Sivertzen, Nilsen & Olafsen (2013, S. 474)	„[…] we consider employer branding to be the process of building employer identity directed at existing and potential employees, in order to differentiate the firm from its competitors."
Backhaus & Tikoo (2004, S. 502)	„[…] we define employer branding as the process of building an identifiable and unique employer [identity]."
Sullivan (2004, zitiert nach Backhaus & Tikoo, 2004, S. 502)	„[Employer branding is] a targeted, long-term strategy to manage the awareness and perceptions of employees, potential employees, and related stakeholders with regards to a particular firm."
Ewing et al. (2002, S. 12)	„Employment branding is therefore concerned with building an image in the minds of the potential labour market that the company, above all others, is a ‚great place to work'."
Lloyd (2002, zitiert nach Berthon, Ewing & Hah, 2005, S. 153)	„[Employer branding is the] sum of a company's efforts to communicate to existing and prospective staff that it is a desirable place to work."
Gmür et al. (2002, S. 12)	„Employer Branding ist die Profilierung eines Unternehmens als Arbeitgeber in der Wahrnehmung seiner Beschäftigten und potenziellen Bewerber."

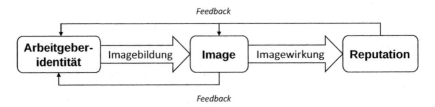

Abb. 2.1 Zusammenhänge zwischen Arbeitgeberidentität, Arbeitgeberimage und Reputation eines Unternehmens. (In Anlehnung an Habicht, 2009, S. 67)

er von einem Unternehmen hat, mit seinen eigenen Präferenzen, Fähigkeiten, Wertvorstellungen und arbeitsbezogenen Anforderungen ab. Je größer dabei die Übereinstimmung zwischen wahrgenommenem Image und eigenen Vorstellungen ist, umso höher ist die (subjektiv empfundene) Arbeitgeberattraktivität, was sich wiederum tendenziell positiv auf die Bewerberabsicht auswirkt (vgl. Fölsing, 2017, S. 49).

Images entstehen ferner durch vielschichtige und reziproke Informations- und Kommunikationsprozesse, die z. B. beim Kontakt zwischen einem Unternehmen und einer Person ablaufen. Derartige Kontaktpunkte können entweder direkt, also durch unmittelbares persönliches Erleben – wie z. B. im Rahmen eines Probearbeitstages – oder indirekt – z. B. durch Medienberichterstattung oder Erfahrungsberichte aus dem beruflichen Umfeld – zustande kommen.[1]

Selbstverständlich haben insbesondere die direkten Erfahrungen eines Menschen mit einem Unternehmen eine starke Wirkung auf die eigene Imagebildung. Die Forschung in diesem Bereich zeigt, dass Einstellungen, also gefühlsmäßige Haltungen, die sich durch persönliche Erfahrung eines Individuums mit einem Unternehmen herausbilden, stabiler sind und ein Verhalten eher evozieren als Einstellungen, die ausschließlich auf indirekt vermittelten Erfahrungen über ein Unternehmen beruhen (vgl. Einwiller, 2022, S. 382 ff.). Da aus Bewerbersicht allerdings vielfach gar nicht die Möglichkeit besteht, eigene Erfahrungen

---

[1] Die systematische Entwicklung eines Images basiert dabei auf der Prämisse, dass ein Unternehmen auf Basis seiner vorhandenen Identität das eigene Image als attraktiver Arbeitgeber bewusst beeinflussen bzw. bewusst kreieren und projizieren kann – und es somit nicht nur eine reine sozial konstruierte Perspektive eines Images gibt. Anders gesagt: Es handelt sich dabei nicht *ausschließlich* um subjektive Vorstellungsbilder oder Konstruktionen einer Person, die dann auch ggf. stark von den objektiven Gegebenheiten abweichen kann (vgl. Immerschitt & Stumpf, 2019, S. 58; Einwiller, 2022, S. 375).

mit einem Unternehmen zu machen oder auch eine tiefgründige Auseinandersetzung mit einer Vielzahl potenzieller Arbeitgeber zumeist nicht möglich ist, spielt das jeweilige betriebliche Employer Branding eine entscheidende Rolle. Ein geschicktes Employer Branding kann in dem Fall z. B. dazu beitragen, dass das Risiko einer Fehlentscheidung bei der Arbeitgeberwahl auf Seiten eines Bewerbers reduziert wird (vgl. Immerschitt & Stumpf, 2019, S. 58). Dementsprechend besitzt das Image eines Unternehmens als attraktiver Arbeitgeber eine entscheidende Signalfunktion bei der bewerberseitigen Vorauswahl von potenziell interessanten Unternehmen (vgl. Sponheuer, 2010, S, 102 ff.).

Im Idealfall kann sich ein Unternehmen durch ein entsprechendes Image als Anbieter von attraktiven Arbeitsplätzen nicht bloß eine individuelle, sondern sogar eine idiosynkratische Stellung am Arbeitsmarkt verschaffen. Das Ziel aller Bemühungen besteht schließlich darin, sich aus der Sicht von potenziellen und aber auch bestehenden Beschäftigten möglichst klar gegenüber anderen Unternehmen abzugrenzen – um dadurch letztlich den Kampf um die besten Köpfe zu gewinnen (vgl. Ewing et al., 2002, S. 12; Kurniawan et al., 2020, S. 291; Sivertzen et al., 2013, S. 472). Insgesamt zielt das Konzept des Employer Branding in diesem Zusammenhang darauf ab, insbesondere bei den Fach- und Führungskräften, die ein Unternehmen gerne halten oder für sich gewinnen möchte, ein Bewusstsein als attraktiver Arbeitgeber (vgl. Kurniawan et al., 2020, S. 291) bzw. „great place to work" (Ewing et al., 2002, S. 12) oder „desirable place to work" (Lloyd, 2002, zitiert nach Berthon et al., 2005, S. 153) zu verankern.

Mit Blick auf die angeführten Definitionen aus Tab. 2.1 lässt sich außerdem festhalten, dass Employer Branding eine interne und eine externe Perspektive umfasst – also einerseits Mitarbeiterbindung bzw. Retention Management (intern) und andererseits Personalgewinnung (extern) anstrebt bzw. betrieben wird (vgl. Backhaus, 2004, S. 120). Bei der *internen Perspektive* geht es darum, dass ein Unternehmen von den aktuell unter Vertrag stehenden Mitarbeitern als attraktiver Arbeitgeber wahrgenommen und das Arbeitgeberwertversprechen für die Beschäftigten erlebbar wird (vgl. Priyadarshi, 2011, S. 511). Der Schwerpunkt liegt hier auf der nachhaltigen Gestaltung und Stärkung der Beziehung zwischen Arbeitgeber und Arbeitnehmern. Durch eine daraus im Ideal entstehende langfristige Bindung der vorhandenen Arbeitnehmer an das eigene Unternehmen lassen sich Fehlzeiten und Krankenstände minimieren oder auch ungewollte Fluktuation vermeiden (vgl. Petkovic, 2008, S. 109).

Demgegenüber besteht das Ziel von *externem* Employer Branding darin, von potenziellen Arbeitnehmern als attraktiver und leistungsstarker Arbeitgeber wahrgenommen zu werden, der es wert ist, ihn in seinen persönlichen Suchfokus aufzunehmen. Sichtbare Ziel- oder Erfolgsgrößen wären hier z. B. die Anzahl

der Klicks auf der unternehmenseigenen Karriereseite oder die zeitnahe bzw. best-
mögliche Besetzung vakanter Schlüsselpositionen (vgl. Backhaus & Tikoo, 2004,
S. 503; Wilden et al., 2010, S. 57). Die internen wie die externen Branding-Ziele
tragen letztlich gleichermaßen zur organisationalen Leistungsfähigkeit bei.
Die empirische Evidenz hinsichtlich einer wirkungsvollen – d. h. intern resonanzfähigen und extern ausstrahlenden – Arbeitgebermarke konnte in mehreren
wissenschaftlichen Studien nachgewiesen werden. So zeigt z. B. eine Untersuchung aus dem Jahr 2011 mit insgesamt 113 multinationalen Unternehmen, dass
diejenigen Unternehmen mit einem betrieblichen Employer Branding im Ver-
gleich zu Unternehmen ohne Employer Branding, mehr in Personalentwicklung
investieren, was sich wiederum positiv auf die Mitarbeiterbindung auswirkt und
wodurch die Fluktuation reduziert werden kann. Employer Branding stellt demnach ein probates Mittel dar, um die Beziehung der Mitarbeiter zum eigenen
Unternehmen zu festigen und dadurch meist auch die bestehende Organisations-
kultur nachhaltig zu stärken (vgl. Kucherov & Zavylova, 2012). Darüber hinaus
konnte in einer noch aktuelleren Studie mit 93 kleinen und mittleren Unternehmen empirisch gezeigt werden, dass sich ein kompetentes Employer Branding
positiv auf weitere, im Personalrecruiting übliche Effizienzkriterien auswirkt,
z. B. nicht nur eine verminderte Time-to-hire generiert, sondern auch geringere
Cost-per-hire erzeugt (vgl. Tumasjan et al., 2020).

Diese Erfolge fallen aber nicht vom Himmel: Damit aus dem betrieblichen Employer Branding ein positiver Wertschöpfungsbeitrag resultiert, gilt es
zunächst, alle erforderlichen Maßnahmen betont ganzheitlich zu betrachten, d. h.
eng aufeinander abzustimmen und diese auch gebündelt organisatorisch zu verankern. Einfach gesagt: Es zählen nicht Einzelaktivitäten, sondern das breite,
integrative Maßnahmenpaket. Idealtypisch ergibt sich dabei ein Prozess mit den
vier Schritten (vgl. Stotz & Wedel-Klein, 2013, S. 80):

- Analyse
- Planung
- Umsetzung und
- Kontrolle.

Die Inhalte der einzelnen Prozessstufen werden im Folgenden in Grundzügen
beschrieben (siehe Abb. 2.2).

1. Der Prozess eines gezielten Employer Branding beginnt mit einer auf den
   strategischen Grundzügen des Unternehmens basierenden Situationsanalyse.

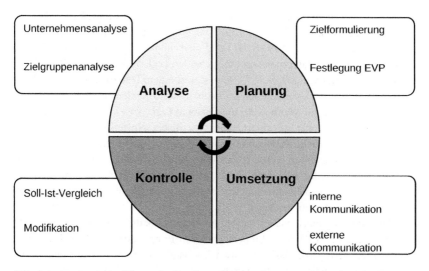

Abb. 2.2 Idealtypische Phasen des Employer Branding-Prozesses. (In Anlehnung an Fournier et al., 2019, S. 29; Stolz & Wedel, 2009, S. 89; Nagel, 2011, S. 108)

In dieser ersten Phase gilt es zu eruieren, welche Philosophie ein Unternehmen vertritt, welche unternehmenstypischen Werte und Geschäftsmodelle bestehen, an wen sich die zu entwickelnden Branding-Maßnahmen richten und – besonders wichtig – wie die Präferenzen und Anforderungen der im Fokus stehenden Zielgruppe (z. B. Ingenieure, Entwickler oder Führungskräfte) aussehen (vgl. Fournier et al., 2019, S. 30). Die aus dieser Phase abzuleitenden Inhalte für die konkrete Ausgestaltung der Arbeitgebermarke können teilweise sehr vielfältig sein und müssen in den folgenden Phasen sukzessive verdichtet werden.

2. Den Kern der Planungsphase bildet die Entwicklung der sog. *Employer Value Proposition* (kurz: EVP). Die EVP verkörpert – analog zur Unique Selling Proposition (kurz: USP) im Produktmarketing – den eigentlichen Markenkern, also die Gesamtheit aller Aspekte, die ein Unternehmen als Arbeitgeber verspricht und für bestehende Mitarbeiter und potenzielle Bewerber erlebbar macht (vgl. Immerschitt & Stumpf, 2019, S. 77; Trost, 2009, S. 16). Die EVP mündet i. d. R. in einer bündigen, zentralen Botschaft. Unternehmen sollten hier auf leicht objektivierbare Merkmale zurückzugreifen, in dem z. B. die Arbeitsbedingungen dargestellt oder mögliche berufliche Perspektiven und Entwicklungsmöglichkeiten konkret aufgezeigt werden, wie z. B. „*Wir stehen*

*für (...) und bieten Ihnen (...)" oder „Wir zeichnen uns dadurch aus, dass wir
(...)"* (vgl. Kanning, 2017, S. 160). Die EVP sollte langfristig angelegt sein
(vgl. Fournier et al., 2019, S. 31) und sich möglichst klar von den Wertversprechen anderer Unternehmen unterscheiden (vgl. Wilden et al., 2010 S. 62;
Maxwell & Knox, 2009, S. 895). Je besser es einem Unternehmen hier gelingt,
sich von anderen Unternehmen abzuheben, desto tendenziell erfolgreicher ist
die eigene EVP im Wettbewerb um Personal (vgl. Nagel, 2011, S. 20 ff.).

3. Sobald Klarheit über das unternehmensspezifische Nutzenversprechen besteht,
    gilt es, die Arbeitgeberpositionierung operativ umzusetzen – denn auch
    die beste Konzeption verpufft bei einer unzureichenden Implementierung.
    Die Hauptaktivität innerhalb dieser Phase besteht darin, durch geeignete
    Kommunikationsmaßnahmen eine positive (Außen-)Wahrnehmung der Arbeit-
    geberattraktivität zu erreichen (vgl. DGFP, 2012, S. 53). Hierfür spielt vor
    allem die möglichst widerspruchsfreie Kommunikation der Markenbotschaft
    eine wichtige Rolle (vgl. Immerschnitt & Stumpf, 2019, S. 91). Das heißt:
    Die gesendeten Botschaften müssen konsistent über die verwendeten Kom-
    munikationskanäle vermittelt werden, z. B. die Unternehmenshomepage, den
    Social Media-Auftritt oder auch im Rahmen von Mitarbeiter- und Personal-
    auswahlgesprächen (vgl. Allen et al., 2004, S. 162).

4. Im letzten Schritt steht die Evaluation der eigenen Maßnahmen an (vgl. Itam,
    Misra & Anjum, 2020, S. 685). Hier wird mittels eines gezielten Soll-Ist-
    Vergleichs und durch geeignete Key Performance-Indikatoren, wie z. B. die
    Betrachtung der Fluktuationsrate (=interne Perspektive) oder die Dauer bis zur
    adäquaten Nachbesetzung einer Position (=externe Perspektive), der Erfolg
    bewertet. Es muss u. a. die Frage beantwortet werden, ob die Arbeitgeber-
    marke in gewünschter Art und Weise, also wie in den vorherigen Phasen
    festgelegt, positioniert wurde und inwieweit die Aufwendungen – z. B. für
    den Social Media-Auftritt – letztendlich gerechtfertigt waren. Eine regelmä-
    ßige Wirkungs- und Erfolgskontrolle hilft, Fehlentwicklungen frühzeitig zu
    erkennen und rechtzeitig Gegenmaßnahmen einzuleiten (vgl. Kriegler, 2012,
    S. 341). Je nachdem, ob und wie vollständig die gesetzten Ziele erreicht wur-
    den, sind die bereits entwickelten Employer Branding-Maßnahmen ggf. zu
    optimieren oder gänzlich neu zu definieren.

Vor dem beschriebenen Hintergrund verstehen wir zusammengefasst Employer
Branding zunächst als eine ganzheitliche Personalmarketingaktivität, bei der relevante Differenzierungsmerkmale der Arbeitgebermarke erarbeitet und anschließend nach innen und außen kommuniziert werden müssen. Das übergeordnete

Ziel besteht darin, einen positiven Beitrag hinsichtlich der Bekanntheit und Sympathie gegenüber einer Organisation und damit im Endeffekt eine Steigerung der Gewinnung und Bindung der anvisierten Zielgruppe(n) zu erreichen (vgl. dazu auch Scholz, 2014, S. 445). Die entscheidende Frage ist also: Wie kann ein positiver Wertschöpfungsbeitrag in den Bereichen Personalbeschaffung und Mitarbeiterbindung erzielt werden?

Im Folgenden legen wir ein bewusst breites Verständnis von Employer Branding zugrunde. Das geschieht auch mit Blick auf die in Abschn. 4.2 vorgestellten Ergebnisse unserer eigenen empirischen Studie und bedeutet konkret: Wir sehen Employer Branding nicht als reine (Personal-)Marketing-Aktivität, die ausschließlich von den Personalabteilungen betrieben wird. Denn unserer Einschätzung nach spielen im Employer Branding auch diverse andere Gruppen eine wichtige Rolle; so sind z. B. insbesondere die Führungskräfte eines Unternehmens personifizierte Markenbotschafter. Durch ihren Führungsstil, ihre eigene Haltung zu bestimmten Fragen, ihre unmittelbaren Einstellungen und Handlungen fungieren sie nicht nur als wichtiges Bindeglied zwischen Unternehmensleitung und Mitarbeitern, sondern schaffen, verkörpern und prägen die Kultur sowie Identität eines Unternehmens letztlich in entscheidendem Maße mit (vgl. Schein, 1995, S. 172 ff. oder auch Stotz & Wedel-Klein, 2013, S. 55). Anders formuliert: Leben die Führungskräfte das spezifische Wertversprechen ihres Unternehmens in ihrem täglichen Tun nicht vor, lassen sich diese am Ende auch kaum glaubwürdig an die Mitarbeiter übermitteln. Ein in diesem Sinne gutes Führungsverhalten ist überdies nicht nur eine wirksame, sondern zudem auch eine kostengünstige Maßnahme, um Mitarbeiter langfristig an ein Unternehmen zu binden. Führungskräfte übernehmen unserer Einschätzung nach also die Rolle eines „Key Players" innerhalb einer konkreten (insbesondere die interne Ebene betreffenden) Employer Branding-Ausgestaltung (vgl. Heider-Winter, 2014, S. 75).

Der Begriff Unternehmenskrise und die heutige Bedeutung von Krisenmanagement

3

Zusammenfassung

Das Wort Krise kann auf das aus dem Griechischen stammende Wort „krisis" zurückgeführt werden und bedeutet so viel wie Unsicherheit, bedenkliche Lage, aber auch Wendepunkt oder Entscheidung. Doch was ist in diesem Zusammenhang unter einer „Unternehmenskrise" und dem damit verbundenen Begriff „Krisenmanagement" zu verstehen? Darauf möchten wir in diesem Kapitel einerseits definitorisch eingehen, um andererseits – darauf aufbauend – die Auswirkungen der Corona-Krise auf Unternehmen, ihre Personalarbeit und ihre Arbeitnehmer genauer zu erhellen.

Martin Luther King meinte einmal: „Jede Krise hat nicht nur ihre Gefahren, sondern auch ihre Möglichkeiten". Übertragen auf die Wirtschaftswelt hieße das: Erfolgreiche Unternehmen sind in der Lage, bestehende Möglichkeiten für sich zu nutzen und gleichzeitig negative Auswirkungen externer wie interner Belastungsfaktoren zu begrenzen. Wie bereits eingangs erwähnt, konzentrieren wir uns hier auf die Corona-Pandemie als Spezialfall einer sog. Kontakt- oder Begegnungskrise. Um diese oder auch andere Krisen im Unternehmenskontext schnell und nachhaltig zu bewältigen, braucht es ein professionelles Krisenmanagement, also eine bewusste Planung, Gestaltung, Steuerung, Führung und Kontrolle geeigneter Maßnahmen (vgl. Töpfer, 2014, S. 240). Doch was ist in unserem Zusammenhang unter einer „Unternehmenskrise" und dem damit verbundenen Terminus „Krisenmanagement" zu verstehen? Auf diese Frage möchten wir nun eingehen und darauf aufbauend dann auch elementare Auswirkungen der globalen Corona-Krise auf Unternehmen, ihre Arbeitnehmer sowie die betriebliche Personalarbeit aufzeigen.

D. von der Oelsnitz et al., *Krisengerechtes Employer Branding*, essentials, https://doi.org/10.1007/978-3-658-40000-2_3

Das Wort Krise kann auf das aus dem Griechischen stammende Wort „krisis" zurückgeführt werden und bedeutet so viel wie Unsicherheit, bedenkliche Lage, aber auch Wendepunkt und Entscheidung (vgl. Schmidt-Gothan, 2008, S. 9). Da der Begriff der Krise in einer Vielzahl unterschiedlicher Lebensbereiche verwendet wird – so spricht man z. B. von Energiekrise, Midlife-Crisis oder Entwicklungskrise – beziehen wir uns im Folgenden ausschließlich auf den betriebswirtschaftlichen Krisenbegriff, der sich auf Basis der in der einschlägigen Literatur explizierten Begriffsmerkmale auf die folgenden vier zentralen Charakteristika verdichten lässt (vgl. dazu und im Folgenden ausführlich von der Oelsnitz, 1994, S. 15 ff.):

- Gefährdung von hochrangigen, d. h. überlebensrelevanten Unternehmenszielen,
- zwingender Handlungsbedarf aufgrund einer situationsbedingten Limitierung der zur Problemanalyse und Entscheidungsfindung verfügbaren Zeitspanne,
- mangelnde Voraussicht (=Überraschung) der organisationalen Entscheidungsträger im Hinblick auf den Kriseneintritt,
- Ungewissheit über den weiteren Krisenverlauf.

Vor dem Hintergrund dieser Merkmale verstehen wir unter einer Unternehmenskrise eine kritische Ausnahmesituation, die durch i. d. R. nachhaltige und gravierende negative Zielabweichungen den Fortbestand eines Unternehmens gefährdet oder diesen bei Verzicht auf gegensteuernde Maßnahmen mit hoher Wahrscheinlichkeit in absehbarer Zeit beenden würde. Insofern bestehen ein zwingender Handlungsbedarf und eine zumindest subjektiv empfundene Ungewissheit über den Erfolg der zur Krisenbekämpfung gewählten Maßnahmen seitens des betroffenen Unternehmens.

Ziel eines so verstandenen Krisenmanagements ist die effektive Krisenbekämpfung oder zumindest -eindämmung. Hierdurch soll der durch die (interne oder externe) Krise entstandene Schaden begrenzt oder letztlich wieder beseitigt werden (vgl. Coombs, 2007, S. 5). Ein in diesem Sinne erfolgreiches Krisenmanagement kann ein Unternehmen am Ende sogar stärken, indem es z. B. betriebliche Prozesse und Kulturen optimiert oder an die Folgen einer Krise sinnfällig anpasst, um sich einerseits schnellstmöglich zu stabilisieren und andererseits auf die Zeit *nach* der Krise vorzubereiten (vgl. Pearson & Clair, 1998, S. 68; Coombs & Holladay, 2010, S. 19). Krisenmanagement bezeichnet somit einen systematischen Managementansatz, der Unternehmen dabei hilft, entweder schon prophylaktisch das Entstehen einer Krise zu vermeiden (vgl. von der Oelsnitz, 1994, S. 144 ff.)

oder eine bereits eingetretene Krise wirksam zu bewältigen (vgl. Pearson & Clair, 1998, S. 61).

Coombs und Holladay (2010, S. 20 f.) heben für ein effektives Krisenmanagement insbesondere die *interne Krisenkommunikation* sowie die *externe Krisen-PR* als entscheidende Komponenten hervor. Neben der Sammlung, Verdichtung und Verarbeitung entscheidungsrelevanter Informationen für das Top-Management gehört hier insbesondere auch die Informationsversorgung aller relevanten Stakeholder zu den zentralen Aufgaben und zugleich Voraussetzungen einer gelungenen Kriseneindämmung. Gerade, wenn Krisen überraschend über ein Unternehmen hereinbrechen, muss dieses schnell und widerspruchsfrei agieren und – möglichst – durchgängig ehrlich kommunizieren (vgl. Merten, 2014, S. 166). So verweist z. B. auch Riecken (2014, S. 328 ff.) auf die folgenden Prinzipien effektiver Krisenkommunikation: Geschwindigkeit, Faktentreue, Konsistenz, Transparenz und Empathie. Wir erweitern die Liste von Riecken noch um einen weiteren, unserer Einschätzung nach wesentlichen Aspekt, nämlich die Verbindlichkeit von Kommunikation (siehe Abb. 3.1).

Je nach Art der Unternehmenskrise kann diese in Einzelfällen durchaus auch allein durch kommunikative Anstrengungen gemeistert werden. Ein Beispiel liefert vielleicht ein irriger oder unwahrer Presseartikel, den die PR-Abteilung des betroffenen Unternehmens relativ rasch entkräften kann. Die Regel ist dies allerdings nicht.

Gemäß den abgeleiteten Begriffsmerkmalen lässt sich auch die seit 2020 global wütende Corona-Pandemie (auch: COVID-19-Pandemie) als eine Unternehmenskrise einordnen. Bei COVID-19 handelt es sich um eine hochinfektiöse Krankheit, die erstmals Ende 2019 in Asien festgestellt wurde und sich danach rasch über die ganze Welt ausbreitete (vgl. WHO, 2020a). Kurze Zeit nach der ersten Infizierung eines Menschen erklärte die Weltgesundheitsorganisation (WHO) die weltweite Ausbreitung von COVID-19 im März 2020 zu einer Pandemie (vgl. WHO, 2020b). Die deutsche Bundesregierung hatte als Reaktion auf das sich rasch ausbreitende Infektionsgeschehen diverse Maßnahmen zur Eindämmung der Pandemie beschlossen – allen voran die Verringerung der sozialen Kontakte (vgl. Bundesregierung, 2020, S. 3). Trotz dieser Kontaktbeschränkungen sowie der anschließenden Schließung von Kultureinrichtungen, Schulen, Behörden sowie diversen Unternehmen hat sich die Gesundheitskrise schnell zu einer weltweiten Wirtschaftskrise entwickelt (vgl. Reuschke & Felstead, 2020, S. 208; Kniffin et al., 2021, S. 65).

Infolge der vielschichtigen Auswirkungen der Corona-Pandemie standen und stehen viele Unternehmen vor unterschiedlichen Herausforderungen. Zwei davon sind die erhöhte Arbeits- und Zeitbelastung auf Seiten der Beschäftigten sowie

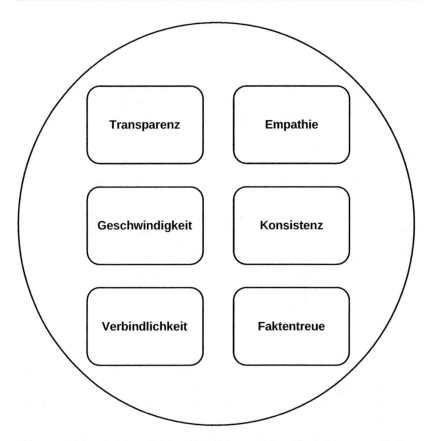

Abb. 3.1 Erfolgsprinzipien effektiver Krisenkommunikation. (In Anlehnung an Riecken, 2014, S. 328 ff.)

diverse IT-Schnittstellenprobleme aufgrund vermehrter Arbeit außerhalb des Unternehmens (vgl. Azizi et al., 2021, S. 5). Eine diesbezügliche Umfrage des Wirtschafts- und Sozialwissenschaftlichen Instituts (WSI) mit ca. 6200 befragten Personen bestätigt diesen Befund. Aus der Umfrage geht hervor, dass u. a. die Homeoffice-Nutzung seit Beginn der Pandemie drastisch zugenommen hat. Arbeiteten vor der Krise nur ca. 4 % der Beschäftigten von Zuhause, waren es im Januar 2021 bereits rund 24 % (vgl. auch Hans-Böckler-Stiftung, 2021). Zudem ist während der Corona-Pandemie die Anzahl der Betriebe mit Kurzarbeit deutlich gestiegen. Während im Vorkrisenjahr 2019 ca. 15.000 Betriebe in Deutschland

Kurzarbeit anboten, meldeten im Jahr 2020 im Jahresdurchschnitt bereits über 318.000 Betriebe Kurzarbeit an (vgl. Bundesagentur für Arbeit, 2021).

Erste Forschungsbefunde deuten ferner darauf hin, dass sich die Pandemie auch negativ auf die körperliche und psychische Gesundheit vieler Erwerbstätiger ausgewirkt hat (vgl. aerzteblatt.de, 2021). So konnten z. B. Dragano et al. (2022) auf der Basis der bevölkerungsbasierten NAKO Gesundheitsstudie – Deutschlands größter Kohortenstudie, bei denen ca. 200.000 Menschen regelmäßig zu ihren Lebensumständen und ihrer Krankheitsgeschichte befragt und untersucht werden – ermitteln, dass im ersten Corona-Pandemiejahr depressive Symptome und Angststörungen in der Studienpopulation zunahmen, wobei berufliche und finanzielle Veränderungen (wie z. B. die Arbeit im Homeoffice oder eine subjektiv wahrgenommene Arbeitsplatzunsicherheit) diese Verschlechterung der mentalen Gesundheit zu einem wesentlichen Teil statistisch erklären.

Weitere Studien zeigen aber ferner auch, dass Arbeitgeber etwas gegen die negativen Folgen der Pandemie auf Seiten der Beschäftigten tun können. So haben Unternehmen z. B. die Möglichkeit, durch gezielte Angebote zur sozialen Unterstützung (also z. B. Verständnis für die Belange der Beschäftigten zu zeigen oder Angebote zum sozialen Austausch zu schaffen) das wahrgenommene Stresslevel ihrer Mitarbeiter zu mindern, was sich wiederum positiv auf die Identifikation mit dem eigenen Unternehmen auswirkt (vgl. Ashforth, 2020).

Nachdem damit nun die konzeptionellen Grundlagen von Employer Branding einerseits und Unternehmenskrise bzw. Krisenmanagement andererseits dargelegt wurden, stellen wir im Folgenden die Kernergebnisse unserer eigenen empirischen Studie vor. Diese stellt u. a. die Frage nach den unmittelbaren Auswirkungen der Corona-Krise auf die Ausgestaltung unternehmerischer Employer Branding-Konzepte.

Corona-Krise und Employer Branding – eine empirische Studie

4

Zusammenfassung

Dieses Kapitel beinhaltet im ersten Abschnitt eine Beschreibung der methodischen Vorgehensweise unserer empirisch-qualitativen Studie. Diese untergliedert sich in die drei Bereiche: methodische Vorüberlegungen, Datenerhebung und Datenauswertung. Dann wird im nächsten Abschnitt die Frage nach relevanten Aspekten, Vorteilen und Herausforderungen von Employer Branding während der Corona-Krise adressiert. Dazu haben wir mehrere einschlägige Experten aus dem Bereich Employer Branding befragt. Im Wesentlichen zeigt die Auswertung der Expertenstimmen, dass Unternehmen ihre Aktivitäten im Employer Branding während der Corona-Krise aufrechterhalten sollten und dabei insbesondere die Themen Digitalisierung, Mitarbeitermotivation und Mitarbeiterbindung relevant sind.

4.1 Methodische Grundlagen unserer Studie

Bevor wir in Abschn. 4.2 auf die zentralen Ergebnisse unserer Studie zu sprechen kommen, möchten wir in diesem Unterabschnitt zunächst die methodische Vorgehensweise unserer Studie beschreiben. Diese untergliedert sich in drei Bereiche: methodische Vorüberlegungen, Datenerhebung und Datenauswertung.

Methodische Vorüberlegungen
In der Regel unterteilt sich die empirische Sozialforschung in einen quantitativen und einen qualitativen Forschungsansatz (vgl. z. B. Flick, von Kardorff & Steinke, 2019, S. 24). Im *quantitativen* Ansatz werden aus bestehenden Theorien wissenschaftliche

© Der/die Autor(en), exklusiv lizenziert an Springer Fachmedien Wiesbaden GmbH, ein Teil von Springer Nature 2023
D. von der Oelsnitz et al., *Krisengerechtes Employer Branding*, essentials,
https://doi.org/10.1007/978-3-658-40000-2_4

Hypothesen abgeleitet und diese dann an möglichst repräsentativ ausgewählten Fällen auf ihre Gültigkeit getestet. Hierzu benutzt man u. a. sogenannte strukturierte Datenerhebungsmethoden wie z. B. Online-Fragebögen. Die erhobenen numerischen Daten werden (inferenz-)statistisch ausgewertet und dann meist mit Bezug auf eine übergeordnete Grundgesamtheit interpretiert. Das Ziel eines derartigen Ansatzes ist in erster Linie die Prüfung oder Erweiterung etablierter (oder ggf. auch neuer) Theorien.

Demgegenüber werden bei einem *qualitativen* Forschungsvorhaben offene Forschungsfragen an wenigen, dafür aber bewusst und mit Bedacht ausgewählten Fällen untersucht. Man wählt hier unstrukturierte oder teilstrukturierte Datenerhebungsmethoden, wie z. B. ein (offenes) Interview. Das Ziel eines solchen Forschungsansatzes besteht in einer detaillierten, besonders tiefgründigen und dichten Beschreibung des im Interesse stehenden Phänomens. Die erhobenen (oft verbalen) Daten werden z. B. mittels einer qualitativen Inhaltsanalyse interpretativ ausgewertet. Die auf diese Weise erzielten Ergebnisse lassen sich zwar nicht auf eine übergeordnete und i. d. R auch unbekannte Grundgesamtheit verallgemeinern (vgl. Döring & Bortz, 2016, S. 184), liefern dafür aber kontextsensible Detailinformationen.

Wir haben uns im Rahmen unserer Untersuchung für ein solch qualitatives Vorgehen entschieden. Dafür waren insbesondere die folgenden Aspekte ausschlaggebend: Einerseits liegen aktuell noch keine tiefer blickenden Forschungsarbeiten für den vorliegenden (unerforschten) Untersuchungsgegenstand vor, die dazu geeignet wären, im Vorhinein sachlogisch, d. h. beispielsweise aus bestehenden Theorien, Hypothesen abzuleiten und diese anschließend zu testen und entsprechend statistisch auszuwerten. Andererseits scheint uns ein qualitativer Forschungsansatz auch insofern geboten, als unser erstes Ziel im Verstehen der Relevanz und Wirkung von Employer Branding-Maßnahmen während der Corona-Krise lag und etwa nicht im Erklären von möglichen Ursache-Wirkungsbeziehungen innerhalb dieses Bereichs.

Der Vorteil des von uns gewählten qualitativ-verstehenden Ansatzes liegt überdies darin, dass quasi als „Beifang" auch unerwartete Informationen gewonnen werden können, weil die individuellen Erfahrungen und Meinungen der befragten Probanden im Mittelpunkt der Untersuchung stehen und nicht nur die Aspekte, die im Vorfeld bereits (theoretisch oder konzeptionell) angenommen wurden bzw. in einen vordefinierten Fragebogen eingeflossen sind (vgl. Lamnek & Krell, 2016). Schließlich gewinnt dieser Ansatz seinen Reiz auch dadurch, dass die Personalmanagementforschung in Teilen nur noch selten mit ihrem Untersuchungsgegenstand (z. B. Mitarbeiter und Führungskräfte) direkt in Berührung kommt und hierdurch die Tendenz besteht, zu viel (quantitativ) erklären zu wollen, ohne zuvor „richtig" (qualitativ) beschrieben oder eben verstanden zu haben.

Um die Wissenschaftlichkeit, Güte und Geltung unseres Forschungsvorhabens sowie der daraus resultierenden Ergebnisse zu gewährleisten, orientierten wir uns an gängigen Gütekriterien der qualitativen Sozialforschung (vgl. dazu z. B. Schmidt & Voigt, 2023). Diese Gütekriterien wurden auf die Studienplanung, die Datenerhebung selbst und die Datenauswertung angewendet, worauf wir jetzt näher eingehen wollen.

1) Datenerhebung

Die erforderlichen Daten wurden von uns mittels teilstrukturierter Experteninterviews erhoben. Experteninterviews haben „[...] die Aufgabe, dem Forschenden das besondere Wissen der unmittelbar in die Situationen und Prozesse involvierten Menschen zugänglich zu machen" (Gläser & Laudel, 2010, S. 13). Ein wesentliches Element von Experteninterviews besteht daher in einer zielgerichteten und begründeten Auswahl der für ein Untersuchungsphänomen zu befragenden Personen. Eine Person gilt nach einschlägigen Definitionen dann als Experte, wenn sie sachverständig ist, also über entsprechende Wissensbestände in einem bestimmten (zumeist umgrenzten) Themengebiet verfügt (vgl. z. B. Liebold & Trinczek, 2009, S. 33). In Abgrenzung zu anderen Interviewverfahren wird der oder die Befragte bei einem Experteninterview demnach nicht als Betroffener, sondern als Spezialist für einen bestimmten Sachverhalt gesehen. Solche Experteninterviews eignen sich besonders gut dazu, neue und unerforschte Untersuchungsfelder zu explorieren und systematisch zu erschließen.

Wir haben in unserer Studie Personen befragt, die aufgrund ihrer beruflichen Stellung und Erfahrung praxisnahes Expertenwissen über das Thema Employer Branding besaßen. Der Kontakt zu den Experten wurde per E-Mail und über Business-Netzwerke aufgenommen. Unsere Stichprobe umfasst Probanden beider Geschlechter (w = 7; m = 5). Die von uns befragten Employer Branding-Experten stammen sowohl aus mittleren Unternehmen als auch aus Großunternehmen in Deutschland. Die Experten tragen z. B. Berufsbezeichnungen wie „Head of Human Resources", „Leiter Corporate & Employer Branding" oder „Managerin Employer Branding"; sie arbeiten u. a. in den Bereichen Personalwesen, People Operations oder Unternehmenskommunikation. Inhaltlich stammen die Experten u. a. aus der Finanzdienstleistungsbranche, der IT-Branche, dem Gesundheitswesen oder der Chemieindustrie. Die Unternehmenszugehörigkeit der Experten lag im Durchschnitt bei 4,5 Jahren (sie können somit als auskunftsfähig gelten).

Die telefonisch durchgeführten Interviews fanden im Zeitraum von *Mai bis Juni 2021* statt und weisen eine Länge von ca. 30 min auf. Der von uns verwendete Interviewleitfaden diente der teilweisen Vorstrukturierung des Datenerhebungsprozesses; dieser Leitfaden wurde mittels der SPSS-Methode von Helfferich (2011) erstellt. Das Kürzel SPSS steht in dem Fall für die vier Schritte zur Leitfadenerstellung: Sammeln, Prüfen, Sortieren, Subsumieren. Daher haben wir zunächst in einem Brainstorming möglichst viele Fragen gesammelt, um diese dann in einem zweiten Schritt auf ihre Eignung hin zu überprüfen. Nichtrelevante Fragen wurden gestrichen. Die übrig gebliebenen Fragen wurden inhaltlich sortiert und schließlich in einen Gesprächsleitfaden überführt. Um einen möglichst natürlichen Gesprächsverlauf zu gewährleisten und die Gefahr einer „Leitfadenbürokratie" zu vermeiden (vgl. Hopf, 1978), wurde die konkrete Ausgestaltung der Fragen und deren Reihenfolge situativ während des Gesprächs an die Bedürfnisse der Befragungsteilnehmer angepasst. Die Interviews wurden nach der Audioaufnahme transkribiert und sprachlich geglättet.

2) Datenauswertung

Wir haben im Rahmen einer von uns durchgeführten strukturierenden Inhaltsanalyse die Aussagen der Experten über ein Kategoriensystem ausgewertet (vgl. Kuckartz, 2018, S. 97). Das Kategoriensystem wurde auf Basis unseres Interviewleitfadens deduktiv erstellt. Im Rahmen der Kodierung konnten wir zusätzlich anhand des Datenmaterials induktiv (Sub-)Kategorien bilden. Dadurch konnte eine „gegenstandsnahe Abbildung des Materials ohne Verzerrungen durch Vorannahmen des Forschers" (Mayring, 2015, S. 86), aber auch ein systematisches und regelgeleitetes Vorgehen erreicht werden. Die letztliche Datenauswertung erfolgte unter Rückgriff auf die Software MAXQDA.

Im folgenden Abschnitt möchten wir wesentliche Kernergebnisse unserer Interviewstudie darstellen und darüber hinaus die daraus resultierenden Schlussfolgerungen für die Unternehmenspraxis diskutieren. Dabei gehen wir einerseits auf die konkrete *Bedeutung von Employer Branding* für Unternehmen während der Corona-Krise ein – und zeigen andererseits die von den Experten als relevant eingestuften *Aspekte, Vorteile und Herausforderungen von Employer Branding* während der Corona-Krise auf. Die Darstellung der Ergebnisse erfolgt in aggregierter Form, d. h. die Aussagen der von uns befragten Experten werden zusammengefasst betrachtet und anhand der beiden Hauptkategorien „Digitalisierung" (=primär externe Perspektive von Employer Branding; siehe dazu Kap. 2) und „Mitarbeitermotivation und -bindung" (=primär interne Perspektive von Employer Branding; siehe dazu Kap. 2) beleuchtet.

4.2 Employer Branding während der Corona-Krise

In Krisenzeiten, oder speziell in einer Pandemie, scheint zunächst die Frage nicht unberechtigt, ob Unternehmen Ressourcen, die möglicherweise ohnehin schon knapp sind, überhaupt für Employer Branding-Maßnahmen aufwenden sollten oder ob nicht andere Themen dringender sind. Die Experten aus unserer Stichprobe waren sich bei dieser Frage größtenteils einig: Unternehmen sollten *gerade* in Krisenzeiten in das betriebliche Employer Branding investieren! Für die von uns befragten Experten sind entsprechende Aktivitäten während einer Krise vor allem daher wichtig, um Mitarbeiter gerade in einer derart angespannten Situation nachhaltig und langfristig an ein Unternehmen binden zu können. Denn: Nach der Beendigung einer Krise müssen alle Arbeitskräfte mobilisiert werden, um schnellstmöglich aus der Talsohle herauszukommen und wieder am Aufschwung teilhaben zu können. Werden in der Krise die Employer Branding-Aktivitäten fest aufrechterhalten und an die sich ggf. geänderten Bedingungen angepasst, können aus der Sicht unserer Experten diverse Vorteile für ein Unternehmen entstehen; allen voran die Bekräftigung und gleichzeitige Untermauerung des bisherigen Arbeitgeber-Wertversprechens. Das heißt konkret: In der Krise kann ein Unternehmen zeigen, dass es, wie es einer unserer Experten ausdrückte, konsistent im „walk the talk" ist – also den Worten auch Taten folgen lässt.

Nicht wenige Experten messen dem Thema Employer Branding allerdings auch generell, also unabhängig von der Corona-Krise, einen hohen Stellenwert für den langfristigen Unternehmenserfolg bei. Anders formuliert: Egal ob vor, während oder nach der Corona-Krise: es lohnt sich für ein Unternehmen immer, in die eigene Arbeitgebermarke zu investieren. Diese Experteneinschätzung zum Employer Branding wird, wie bereits in Kap. 2 aufgezeigt, durch zahlreiche akademische Forschungsbefunde gestützt.

Diese Erkenntnis bestärkt unserer Einschätzung nach die Relevanz einer tieferblickenden Analyse von Employer Branding vor dem Hintergrund der Corona-Krise. Zu einer ähnlichen Sichtweise kommen auch mehrere Fachleute beim HR Round-Table des Fachmagazins Personalwirtschaft zu dem Thema „Employer Branding während der Corona-Krise". Auch hier hebt eine der Diskussionsteilnehmerinnen hervor, dass die Weiterentwicklung der Arbeitgebermarke trotz der Corona-Krise keine Pause machen darf. Vielmehr befindet sich die Arbeitgebermarke eines Unternehmens hier in einer Bewährungsprobe, bei der sich zeigt, ob ein Arbeitgeber auch in schlechten Zeiten hält, was er in guten Zeiten verspricht. In dieser Weise spielt nicht nur die Außenwirkung – im Sinne eines schillernden Kreativkonzeptes – eine Rolle, sondern vor allem auch die Wertschätzung und Einbindung der eigenen Mitarbeiter. Ein in dieser Weise konsistentes Auftreten verstärkt die Authentizität des betrieblichen Tuns und demonstriert nicht zuletzt Führungsstärke bzw. den festen Willen, vielleicht sogar gestärkt aus der Krise hervor zu kommen (vgl. Schahinian, 2020).

Digitalisierung von Employer Branding
Als erster Aspekt hinsichtlich der Frage nach möglichen Auswirkungen und erforderlichen Anpassungen im Bereich des Employer Branding aufgrund der Herausforderungen der Corona-Krise lässt sich aus unseren Interviews das Thema *Digitalisierung* extrahieren, wobei hier hauptsächlich die externe Perspektive von Employer Branding angesprochen ist (dazu siehe Kap. 2).

Die Corona-Pandemie stellte einen Brandbeschleuniger für die zuvor schon in einigen Bereichen zu beobachtenden Digitalisierungsbestrebungen dar. Dies tangiert auch die digitale Umsetzung der Employer Branding-Strategien. Dadurch, dass viele Unternehmen während der Corona-Krise innerhalb kürzester Zeit dazu gezwungen wurden, einen Großteil ihrer Aktivitäten zur Mitarbeitergewinnung digital umzusetzen, mussten im Bereich Employer Branding diverse Analysen durchgeführt und neue Wege sondiert werden. Davon waren insbesondere diejenigen Unternehmen betroffen, die zum damaligen Zeitpunkt noch gar keine digitalen Aktivitäten in diesem Bereich vorweisen konnten. Es musste z. B. untersucht werden, wie und auf welchem Weg potenzielle Jobkandidaten nun vor allem online erreicht und angesprochen werden konnten – die in der Vor-Pandemiezeit genutzten Vor-Ort-Maßnahmen, wie z. B. Karrieremessen, Betriebsbesichtigungen oder andere analoge Recruiting-Veranstaltungen, konnten pandemiebedingt nicht durchgeführt werden. Viele Unternehmen waren zudem gezwungen, potenziellen Mitarbeitern die Unternehmenskultur und den Arbeitsalltag des Betriebs unter Pandemiebedingungen über digitale Wege (z. B. im Rahmen von Online-Probearbeitstagen) bestmöglich erfahrbar zu machen oder die Bewerber nun auf digitalem Wege von den Vorzügen des Unternehmens als attraktiver Arbeitgeber zu überzeugen.

Die von uns befragten Experten sahen folglich die *verstärkte Präsenz auf Social-Media-Kanälen*, wie z. B. Twitter, Facebook und Instagram, und *Online-Karriereplattformen*, wie z. B. Xing und LinkedIn, als einen zentralen Aspekt für die krisensichere Ausgestaltung des Employer Branding an. Das heißt: Spätestens seit der Pandemie müssen nahezu alle Unternehmen sich mit der Frage beschäftigen, wie sie sich zukünftig im digitalen Raum präsentieren wollen, um von potenziellen Bewerbern als attraktiver Arbeitgeber wahrgenommen zu werden. Dies fällt insbesondere kleineren (Familien-)Betrieben schwer; die Bedeutsamkeit von Social Media im Kontext von Employer Branding wird aber durch zahllose Forschungsbefunde gestützt. So zeigt z. B. eine Studie von Kissel und Büttgen (2015, S. 770), dass Social Media (natürlich) für Unternehmen ein nützliches Instrument ist, um im digitalen Raum gezielt ein bestimmtes Image aufzubauen; was sich dann wiederum positiv auf die Absicht, sich bei einem bestimmten Unternehmen zu bewerben, auswirkt (vgl. Collins & Stevens, 2002).

Einige Experten bezeichnen es allerdings auch dezidiert als eine nicht zu unterschätzende Herausforderung, die eigene Arbeitgebermarke im digitalen Raum professionell zu etablieren. So stehen Unternehmen etwa in Online-Events, wie z. B. einem virtuellen Kaminabend oder einer Online-Jobmesse, unter Druck, „[…] weil man nicht genau weiß, ob die Technik einen nicht im Stich lässt und alles reibungslos funktioniert", so die Anmerkung eines „unserer" Personaler. Insofern müssen Unternehmensvertreter ggf. vorab technisch geschult werden, um letztlich einen störungsfreien Ablauf zu gewährleisten; alles andere wäre mehr als peinlich und kontraproduktiv.

Daneben ist eine gründliche Vorbereitung der verantwortlichen Personen innerhalb des Bereiches der Digitalkommunikation unumgänglich. Digitale Kommunikation heißt dabei unter anderem, sich Gedanken über relevante Online-Foren der Zielgruppe zu machen, also die Frage zu stellen: Wo finde ich potenziell passende Bewerber, um dort aktiv zu werden – und nicht nur die unternehmenseigene Facebookseite zu steuern. In diesem Zusammenhang müssen Unternehmen für sich insbesondere auch die Frage beantworten, wie sie mit Kritik auf sozialen Netzwerken adäquat umzugehen verstehen.

Mitarbeitermotivation und -bindung
Eng mit dem Punkt Digitalisierung verbunden ist der Aspekt der fehlenden Präsenz bzw. der nicht vorhandenen oder nur eingeschränkt möglichen sozialen Interaktion, was sich insbesondere auf das *interne* Employer Branding auswirkt (siehe dazu Kap. 2). Hier sehen unsere Experten vor allem die beiden klassischen Bereiche Motivation und Bindung der unter Vertrag stehenden Mitarbeiter als zentrale Hebel zur Ausgestaltung eines krisensicheren Employer Branding (siehe Tab. 4.1 für eine Übersicht zu exemplarischen Aussagen der Experten zur Relevanz der Mitarbeiterbindung während der Corona-Krise). Aus der Forschung in diesem Bereich wissen wir, dass ein Unternehmen mit seinen spezifischen Arbeitsplätzen für viele Beschäftigte identitätsstiftend ist und als ein Ort des sozialen Austauschs gesehen wird, was wiederum zentral für die Befriedigung von psychosozialen Bedürfnissen ist (vgl. Süß, 2022).

Unübersehbar entsteht durch die zur Eindämmung der Pandemie beschlossenen Kontaktbeschränkungen und die daraus resultierende Notwendigkeit, dass viele Menschen „von jetzt auf gleich" ihre Arbeit von zuhause aus verrichten müssen, ein (emotionales) Vakuum, das unternehmensseitig durch geeignete Maßnahmen gefüllt

Tab. 4.1 Relevanz von Mitarbeiterbindung während der Corona-Krise

Kategorie	Beschreibung	Beispiele aus den Interviews
Mitarbeiterbindung	Diese Kategorie umfasst Textstellen, in denen die Mitarbeiterbindung als eine der relevantesten Wirkungen der Arbeitgebermarke während der Corona-Krise von den Experten angesprochen wurde.	„Ich glaube, dass gerade in der Krise das Thema Mitarbeiterbindung und Zufriedenheit mit dem Arbeitgeber wichtig ist."
		„Unternehmen sollten sich in der Zeit der Corona-Krise stark auf die Mitarbeiterbindung konzentrieren."
		„Einmal die Mitarbeiterbindung, dass man auch wenn alle im Homeoffice sind, seinen Leuten trotzdem das Gefühl gibt, dass alle beisammen sind, dass alles gut ist und dementsprechend die Mitarbeiter trotz der Umstände ans Unternehmen zu binden bzw. zu halten."
		„Ich glaube, dass wichtigste ist tatsächlich die Kommunikation, also, dass man am Ball bleibt und den Mitarbeiter nicht verliert, wenn er z. B. von zuhause aus arbeitet."
		„Man darf nicht aus dem Blick verlieren, dass man Mitarbeiter auch binden muss; wenn Sie eine Employer Brand professionell und gut aufsetzen, geht es immer ausnahmslos innen los und nie außen."

werden muss. Die große Bedeutung von Mitarbeiterbindung und Mitarbeitermotivation muss an dieser Stelle nicht weiter erläutert werden: Unmittelbar klar ist, dass beim Ausscheiden von qualifizierten Mitarbeitern einerseits Kosten für die Suche und Einarbeitung von neuem Personal entstehen und andererseits ein Unternehmen dadurch möglicherweise auch wertvolles Know-how verliert, was gerade für die Zeit *nach* einer Krise problematisch ist, da durch ungewollte Abgänge ein Mangel an

Kompetenzträgern droht und der Betrieb dadurch nicht wieder voll aufgenommen werden kann.

Die Bindung von bestehenden Mitarbeitern an das eigene Unternehmen (und damit einhergehend die Aufrechterhaltung der betrieblichen Leistungsfähigkeit) lässt sich nach Ansicht unserer Experten während der Pandemie vor allem dadurch erreichen, dass Unternehmen Verständnis für die Belange ihrer Angestellten zeigen und sensibel und bereitwillig auf die möglicherweise geänderten Bedürfnisse ihrer Beschäftigten eingehen. Flexibles Arbeiten, also größtmögliche Unabhängigkeit von Ort (Chronologie) und Zeit (Chronometrie), spielt hier ebenfalls eine zentrale Rolle. So lassen sich z. B. durch eine flexible Ausgestaltung der Arbeitszeiten sowie die Möglichkeit, von zuhause zu arbeiten, die Bedürfnisse der Beschäftigten hinsichtlich der Vereinbarkeit von Familie und Beruf entsprechend adressieren. Das ist für Angestellte z. B. auch dann praktisch, wenn der Kindergarten aufgrund zu hoher Infektionszahlen geschlossen wird und die Kinder zuhause betreut werden müssen. In einem übergeordneten Sinne wird hier letztlich der Grundwert der Individualität eingeführt – eine Idee, die durchaus zur Maxime bzw. zum Leitbild des gesamten Unternehmens werden könnte. Die Arbeitgeber haben hier die Chance, zu beweisen, dass sie endgültig im Zeitalter von New Work angekommen sind!

Die in diesem Kontext vertretene Einschätzung unserer Experten wird durch zahlreiche empirische Forschungsbefunde zum Job Design bzw. zur Gestaltung der betrieblichen Arbeitsorganisation bekräftigt. Demnach hat u. a. eine autonome Gestaltung des Arbeitsortes oder auch der Arbeitspraxis – natürlich unter Berücksichtigung der jeweiligen betrieblichen Anforderungen und Aufgaben – deutlich positive Effekte zum einen auf die persönliche Arbeitszufriedenheit, zum anderen auf die Arbeitsproduktivität – und am Ende auch auf die wahrgenommene Arbeitgeberattraktivität (vgl. Heinzen & Weckmüller, 2021, S. 3). Dementsprechend kommen auch Azizi et al. (2021) in einer Aufbereitung der Literatur zur Frage nach geeigneten Maßnahmen während der Corona-Pandemie zu dem Schluss, dass Angebote zur Arbeitszeitflexibilisierung das psychische Wohlbefinden und die Zufriedenheit der Arbeitnehmer während einer Krise wie der Corona-Pandemie verbessern können. Die Entwicklung hin zu einer an die individuellen Bedürfnisse der Beschäftigten angepassten Ausgestaltung der Arbeitszeit und nach Möglichkeit auch eine flexible Wahl des Arbeitsortes werden durch den Wertewandel in der Arbeitswelt flankiert (vgl. Süß, 2022).

Unsere Experten berichten davon, dass bei den Beschäftigten zudem das Bedürfnis nach Sicherheit und körperlicher Unversehrtheit während der Pandemie spürbar zugenommen hat. So profan es klingen mag: Arbeitnehmer wünschen sich in Zeiten der Pandemie zuallererst einen „sicheren" Arbeitsplatz. Dazu gehört allen voran das Ergreifen von wirksamen Maßnahmen zum Gesundheitsschutz der Belegschaft, wie

z. B. konsequente Hygienemaßnahmen und Abstandsregelungen im Produktionsbereich oder den Büros. Dass die Themen Arbeits- und Gesundheitsschutz während der Pandemie an Bedeutung gewonnen haben, zeigen auch die Ergebnisse einer großangelegten Umfrage, die der Personaldienstleister *Randstad* im März 2020 durchgeführt hat. Danach bewerteten 41 % der befragten Arbeitnehmer das Thema „Gesundheit und Sicherheit am Arbeitsplatz" als wichtige Maßnahme auch für die Nachhaltigkeit ihrer Organisation. „Die richtige Arbeitsschutz- und Gesundheitsstrategie kann für Unternehmen nicht nur jetzt entscheidend sein, um zu bestehen. Erfolgreiche Umsetzungen wirken sich auch nachhaltig positiv auf das Employer-Branding aus", sagt Klaus Depner, Manager Health & Human Safety bei Randstad Deutschland (vgl. Randstad, 2020).

Besonders relevant sind nach Ansicht unserer Experten außerdem faktentreue Informationen zur aktuellen pandemischen Lage und ihrer Auswirkungen auf den Betriebsablauf. Employer Branding wird in diesem Fall auch zur Krisenkommunikation eingesetzt. Ein bedeutsamer Aspekt einer effektiven Krisenkommunikation besteht darin, dass Unternehmen ehrlich, transparent und konsistent über alle Kanäle hinweg kommunizieren und dabei darauf achten, wesentliche von unwesentlichen Informationen zu trennen, um so eine Informationsüberflutung auf Seiten der Beschäftigten zu vermeiden (siehe Kap. 3). So kann den Mitarbeitern während einer Krise die notwendige Orientierung und Sicherheit vermittelt werden, die es braucht, um gemeinsam auf Kurs zu bleiben. Intern kann z. B. durch wöchentliche oder, wenn es die Situation erfordert, auch tägliche Updates durch die Geschäftsführung oder die direkten Führungskräfte eine kontinuierliche Kommunikation über die wirtschaftliche Lage des Unternehmens oder neue, von der Unternehmensleitung geplante Maßnahmen erfolgen. Eine konkrete Maßnahme wäre z. B. das Einrichten einer Corona-Hotline, bei der Mitarbeiter rasch Beratung und Unterstützung bekommen können. Außerdem könnten die Unternehmen auch mittels eines Newsletter relevante Informationen gebündelt schnell an alle Beschäftigte übermitteln. Eine klare Kommunikationsstrategie sowie die unmittelbare Einbindung der Arbeitnehmer in für sie relevante Entscheidungen kennzeichnen die Faktoren, die auch nach Meinung der Experten aus dem bereits angesprochenen HR Round-Table zum Thema Employer Branding gerade in Krisenzeiten besonders relevant sind, damit ein Unternehmen glimpflich oder vielleicht sogar gestärkt aus der Krise kommt (vgl. Schahinian, 2020).

Neben dem gestiegenen Informationsbedarf auf einer eher sachlichen Ebene ergibt sich pandemiebedingt zudem ein verstärktes Bedürfnis der Arbeitnehmer nach Fürsorge. Auch dieses verständliche Bedürfnis sollte von einem internen Employer Branding mit geeigneten Kommunikationsmaßnahmen adressiert werden. Sind Arbeitnehmer z. B. aufgrund von Social Distancing-Maßnahmen zur

Eindämmung einer Corona-Pandemie ausschließlich im Homeoffice tätig, kann bei ihnen schnell das Gefühl der Vereinsamung oder des „Nicht-Sichtbar-Seins" entstehen – schließlich brechen diverse Sozialkontakte weg. Das führt bei einigen Beschäftigten möglicherweise zu besonderem Stress und psychischen Belastungen. Nach Einschätzung unserer Experten sind hier besonders Auszubildende oder Mitarbeiter ohne Familie gefährdet. Neuere Studienergebnisse bestätigen diese Befürchtungen dahingehend, dass Heimarbeit während des COVID-19 Lockdowns tatsächlich zur sozialen Isolation führen kann, wodurch natürlich auch die organisationale Identifikation der Beschäftigten negativ beeinflusst wird (vgl. Kossen & van Berg, 2022). Dem gilt es unternehmensseitig dadurch entgegenzuwirken, dass z. B. trotz fehlender Präsenz möglichst weiterhin ein Miteinander gelebt und Zusammenhalt vermittelt wird. Die Experten nennen hier unterschiedliche Aktivitäten, die auch aus dem Homeoffice möglich sind: z. B. Online-Betriebsfeiern, gemeinsam besuchte Online-Konzerte, Online-Fitnessangebote oder kollektive Online-Kaffeepausen, die Raum für Small Talk ermöglichen. Das Ziel all dieser Maßnahmen besteht letztlich immer wieder darin, Angebote zur sozialen Interaktion zu schaffen und dadurch das Miteinander im Unternehmen bestmöglich aufrechtzuhalten. Einer unserer befragten Experten bezieht sich in diesem Zusammenhang konkret auf die Bedeutung der Wertschätzung jedes einzelnen Mitarbeiters. Insofern sollten z. B. Online-Meetings nicht ausschließlich zur Übermittlung von arbeitsbezogenen Sachinformationen eingesetzt werden, sondern auch die persönliche Ebene der Beschäftigten adressieren. Führungskräfte sollten auch abseits von fachlichen Themen individuelle Gesprächsangebote machen und Empathie für die Belange der Mitarbeiter zeigen. Das heißt konkret: Die Belegschaft muss im Tagesgeschäft weiterhin spüren, dass sich um sie gekümmert wird und ihre Bedürfnisse und Anliegen von der Personalabteilung, aber eben auch von den direkten Vorgesetzten, gesehen und berücksichtigt werden. Einer unserer befragten Experten bezieht sich konkret auf eine gute interne Feedbackkultur, die gerade in Krisenzeiten aktiv gelebt werden sollte.

Die Literatur belegt, dass die Aufrechterhaltung des Kommunikationsflusses während einer Krise tatsächlich einen positiven Einfluss auf das psychische Wohlbefinden und die Zufriedenheit von Mitarbeitern hat (vgl. Azizi et al., 2021, S. 6 f.). Am Ende kann die Rolle der Führungskraft während einer Krise wie der Corona-Pandemie nicht groß genug eingeschätzt werden. Denn: „Wir wissen seit langem, dass die Beziehung zur unmittelbaren Führungskraft die Achillesferse der Arbeitszufriedenheit ist. […] Wenn die Beziehung zum Chef stimmt, sind die Mitarbeiter aller Erfahrung nach bereit, mit vielen Widrigkeiten im Unternehmen zu leben", so der Führungsexperte Reinhard K. Sprenger (2007, S. 162).

Einige Experten heben zudem in schwierigen Zeiten besonders die „Familie" als Markenkernwert hervor. Was wird mit einer Familie assoziiert? Geborgenheit,

Gemeinschaft, Zusammenhalt und Unterstützung, um nur ein paar relevante Eigenschaften zu nennen, die eine Familie ausmachen. Ein Experte äußert sich dazu konkret folgendermaßen: „Eine Familie zeichnet sich dadurch aus, dass man sich umeinander kümmert und das müssen wir besonders in einer Krise zeigen".

Employer Branding – Jetzt und in Zukunft

5

Zusammenfassung

In diesem Kapitel möchten wir abschließend – auf Basis der Erkenntnisse aus den vorherigen Kapiteln – noch auf zwei unserer Einschätzung nach zentrale „Attraktionsfaktoren", nämlich „Vertrauen" und „Individualität", eingehen, die Unternehmen bei der krisensicheren Ausgestaltung ihrer Employer Branding-Maßnahmen berücksichtigen sollten. Wir richten hier den Fokus zuvorderst auf die interne Perspektive des Employer Branding – also konkret auf die beiden Aspekte Mitarbeitermotivation und Mitarbeiterbindung. Auch dabei legen wir ein bewusst breit gewähltes Verständnis von Employer Branding zugrunde, wonach insbesondere die Führungskräfte einen wesentlichen Einfluss auf die Arbeitgeberattraktivität eines Unternehmens ausüben und daher im Employer Branding essentiell mitgedacht werden sollten.

Insgesamt hat ein professionelles, d. h. durchdachtes und bedarfsgerecht vermitteltes Employer Branding während der Corona-Krise einen hohen Stellenwert für die Einstufung eines Unternehmens als attraktiver Arbeitgeber. Nach Einschätzung der von uns befragten Experten betrifft das sowohl die interne (d. h. mitarbeiterbezogene) als auch die externe (d. h. bewerberbezogene) Komponente des Employer Branding. Entsprechende Aktivitäten dienen insbesondere dazu, die eigenen Mitarbeiter in einer angespannten Situation nachhaltig an das beschäftigende Unternehmen zu binden und ihre Loyalität zu erhalten. Dies ist vor allem deshalb wichtig, weil nach Beendigung einer Krise möglichst viele Arbeitskräfte mobilisiert werden müssen. Ansonsten kann das Unternehmen nicht schnellstmöglich wieder am Aufschwung teilhaben. Während einer Krise sollte jedes Unternehmen zudem zeigen, dass es konsistent im „walk the talk" ist – also den Worten auch Taten folgen lässt und in schwierigen Zeiten hält, was es in guten Zeiten verspricht.

Abschließend möchten wir nun – auf Basis der Erkenntnisse aus den vorherigen Kapiteln – im Folgenden noch auf zwei unserer Einschätzung nach zentrale „Attraktionsfaktoren"[1] eingehen, die Unternehmen bei der krisensicheren Ausgestaltung ihrer Employer Branding-Maßnahmen unbedingt berücksichtigen sollten. Wir richten hier den Fokus zuvorderst auf die interne Perspektive des Employer Branding – also die beiden Aspekte Mitarbeitermotivation und Mitarbeiterbindung. Auch dabei legen wir hier ein bewusst breit gewähltes Verständnis von Employer Branding zugrunde, wonach insbesondere die Führungskräfte einen wesentlichen Einfluss auf die Arbeitgeberattraktivität eines Unternehmens ausüben und daher im Employer Branding mitgedacht werden sollten (siehe dazu auch Kap. 2).

In diesem Rahmen spielen vor allem Konstrukte wie (Arbeits-)Sinn, Wertschätzung, Vertrauen, Kontextualität und Beachtung der Mitarbeiter-Individualität eine entscheidende Rolle. Angesichts der notwendigen Verdichtung in diesem *essential* entscheiden wir uns für die exponierte Heraushebung von „Vertrauen" und „Individualität". Diese beiden Attraktionsfaktoren spielen unserer Einschätzung nach die wichtigste Rolle bei der erfolgreichen (krisensicheren) Ausgestaltung eines betrieblichen Employer Branding.

(1) Vertrauen

Vertrauen ist ein Kernbestandteil moderner, zeitgemäßer Mitarbeiterführung – und gerade während der besonderen Gegebenheiten einer (Corona-)Pandemie wichtiger denn je. Dazu gilt es zunächst Vertrauen aufzubauen. Ohne Vertrauen werden Menschen immer eine Reserve vorhalten. Vom Führungsexperten Reinhard K. Sprenger gibt es den schönen, hier etwas abgewandelten Spruch: „Wer ohne Vertrauen führt, geht im Betrieb eigentlich nur spazieren." Das mag markig klingen, treffend ist es dennoch.

Noch in den 1980er Jahren unterschied man streng zwischen Sachaufgaben (oder Handarbeit) und Führungsaufgaben (oder Kopfarbeit); diese Trennung ist inzwischen in vielerlei Hinsicht zu kurz gedacht. Die (damalige) Statushierarchie wird heute zunehmend von einer funktionalen Kompetenzhierarchie abgelöst, also dem Agieren auf Augenhöhe sowie einem gelebten Miteinander. Erwähnt sei die kluge Einschätzung des Managementvordenkers Peter Drucker, die dieser bereits im Jahr 1982 getroffen hat: Die modernen Wissensarbeiter sehen sich heute als Gleichberechtigte gegenüber ihren Auftrag- oder Arbeitgebern. Sie fühlen

---

[1] frz. *attraction*, also Anziehung bzw. lat. *ad trahere*, also zu sich hinziehen.

sich nicht als Angestellte, sondern als „Professionals" (vgl. Drucker, 1982). Die früher noch allgegenwärtig-klare Rollenverteilung zwischen allwissenden, durchregierenden Bossen und passiven Befehlsempfängern ist damit Geschichte. Im 21. Jahrhundert hängt der Erfolg von Unternehmen mehr denn je davon ab, wie diese einerseits mit ihrem Know-how umgehen, das zum Großteil in den Köpfen ihrer Belegschaft steckt, und inwiefern sie andererseits in der Lage sind, sich ergebende Kompetenzlücken mit neuem, qualifizierten Personal zeitnah schließen zu können.

Dabei müssen Leitungskräfte in der heutigen Zeit vor allem soziale Funktionen beherrschen – d. h. etwa Spezialisten miteinander vernetzen, unterschiedliche Perspektiven moderieren, Konflikte ausgleichen – und zudem jede Menge Gefühlsarbeit leisten (vgl. von der Oelsnitz, 2022). Kurz: sie müssen Kooperation sicherstellen. Damit wird die Persönlichkeit einer Führungskraft zum entscheidenden Parameter, der sich entsprechend stark auf die Attraktivität eines Arbeitsplatzes auswirkt. Manager erhalten ihren funktionalen Wert somit in erster Linie durch die Qualität ihrer Beziehungen zur Belegschaft. Sie müssen immer mehr (auch) zum helfendunterstützenden Coach werden, d. h. in der Lage sein, zu ihren Anvertrauten eine persönlich hochwertige Beziehung aufzubauen. Dies umfasst die Aspekte Vertrauen, Offenheit, Loyalität, Wertschätzung und Empathie.

Mit Blick auf die Gegebenheiten während einer Begegnungskrise wie der Corona-Pandemie heißt das konkret: Die Mitarbeiter müssen im Tagesgeschäft weiterhin spüren, dass man ihnen z. B. auch wenn sie remote von zuhause aus arbeiten, vertraut, man ihre Anliegen ernst nimmt und im Bedarfsfall auf ihre Bedürfnisse adäquat eingeht. Genau das macht heute ein attraktives Arbeitgeberimage aus! Führungskräfte sollten demnach während (und auch nach) der Pandemie ihren Mitarbeitern signalisieren, dass sie jederzeit als Ansprechpartner zur Verfügung stehen. Dabei geht es um ein echtes Interesse an den Nöten und Sorgen der Mitarbeiter während krisenhafter Unternehmensphasen. Kurzum: Echte Leadership ist gefordert! – was die zentrale Bedeutung der persönlichen Haltung bzw. des Charakters einer Führungskraft unterstreicht (vgl. von der Oelsnitz, 2022).

Echte Leader arbeiten zudem auch während einer Krise daran, dass ihre Mitarbeiter von Tag zu Tag mehr Selbstvertrauen gewinnen. Sie sorgen durch durchdachte Planung und eine auf die aktuellen Gegebenheiten sowie die Bedürfnisse ihrer Mitarbeiter ausgerichteten Arbeitszuweisung nicht nur für einen abwechslungsreichen Arbeitsalltag, sondern auch dafür, dass Talente sich weiterhin entfalten und wachsen können. Dieser Aspekt führt uns zu dem zweiten Haupt-Attraktionsfaktor: und zwar der Anerkennung der Mitarbeiter-Individualität – und damit einhergehenden flexiblen Anpassung der organisationalen Arbeitsaufgaben an die Bedürfnisse und Qualifikation der Beschäftigten.

(2) Individualität
Individuelle Freiheitsgrade am Arbeitsplatz erhalten nicht erst seit der Corona-Pandemie eine immer größere Bedeutung beim Wettbewerb um Talente. In vielen Branchen haben sich aufgrund des fortgesetzten Fachkräftemangels die Machtverhältnisse radikal umgekehrt (vgl. von der Oelsnitz et al., 2007). Demgemäß bringen Arbeitnehmer auch immer nachdrücklicher ihre Wünsche vor.

So fordern immer mehr Mitarbeiter neben flachen Hierarchien und einer vertrauensvollen Zusammenarbeit auch Aspekte wie z. B. selbstbestimmtes Arbeiten mit größtmöglicher Zeitautonomie und letztlich auch auf ihre Bedürfnisse und Kompetenzen zugeschnittene Arbeitsaufgaben. Daher erscheint es für Unternehmen zielführend (wenn nicht sogar zwingend notwendig), sich mit diesen individuellen Bedürfnissen, aber auch subjektiven Werten und Lebensphasen eines jeden Arbeitnehmers bzw. Bewerbers konstruktiv auseinanderzusetzen. Und dann dabei eben nicht, wie häufig zu vernehmen, holzschnittartigen stereotypen Behauptungen über bestimmte Generationen (X, Y oder aktuell Z) blind zu folgen und darauf basierend „gießkannenartig" Maßnahmen anzusetzen. Unternehmen sollten stattdessen insbesondere denjenigen individuellen Eigenschaften und Vorstellungen von (aktuellen oder zukünftigen) Mitarbeitern Aufmerksamkeit schenken, die die eigene Zielfunktion signifikant beeinflussen und insofern unmittelbar zum Unternehmenserfolg beitragen. Dies erscheint erfolgversprechender als vermeintlichen Erwartungen einer bestimmten Generation „hinterher zu hecheln" (vgl. Schmidt et al., 2020, S. 17).

In diesem Zusammenhang erscheint uns vor allem der Ansatz einer sog. idiosynkratischen d. h. personenbezogenen Stellenbildung sinnvoll. Die idiosynkratische Stellenbildung rückt letztlich die subjektive Potenzial- und Mitarbeiterorientierung innerhalb der Arbeitsorganisation bzw. der Ausgestaltung des Jobdesigns in den Vordergrund. Diese an das „strategy follows people-Konzept" angelehnte Denkweise ist weniger an den aktuellen Arbeitsaufgaben, sondern vielmehr an den individuell-vielfältigen Qualifikationsprofilen der Mitarbeiter orientiert. Das heißt konkret: Mitarbeiter werden rekrutiert und erst danach werden die Aufgaben für diese Mitarbeiter (i. d. R. auch durch diese selbst) passend definiert oder zumindest feinjustiert (vgl. dazu mehr bei Holtbrügge, 2022, S. 197 ff.). Empirische Untersuchungen zur idiosynkratischen Stellenbildung zeigen, dass vor allem innovative Klein- und mittlere Unternehmen sowie Start-ups von dieser Organisationslogik Gebrauch machen (vgl. Rousseau et al., 2006, S. 981).

Es ist nicht Vieles sicher im zukünftigen Verlauf der Weltwirtschaft sowie im Gerangel der Unternehmen untereinander um Marktanteile, Gewinne und Talente. Aber eines steht fest: Die nächste Krise kommt bestimmt! Unternehmen, die dann – bei den unter Vertrag stehenden, aber gerade auch neu in den Arbeitsmarkt kommenden Arbeitskräften – ein positives Image als Anbieter von attraktiven Arbeitsplätzen haben, werden nach einer Krise mit hoher Wahrscheinlichkeit schneller und leichter in die Normalität zurückfinden.

Was Sie aus diesem *essential* mitnehmen können

- Die Arbeiterlosigkeit ist ein akutes Phänomen – gerade auch in den westlichen Wohlstandsländern. Eine systematische Mitarbeiterbindung wird deshalb umso wichtiger.
- Employer Branding ist nicht nur eine reine Personalmarketing-Aufgabe oder eine Aktivität, die ausschließlich von den Personalabteilungen betrieben wird. So treten z. B. insbesondere die Führungskräfte eines Unternehmens de facto als personifizierte Markenbotschafter auf und beeinflussen mit ihrem Handeln, gewollt oder ungewollt, die jeweilige Arbeitgeberattraktivität mit.
- Die Corona-Pandemie stellt einen Spezialfall einer Unternehmenskrise dar – in unseren Augen handelt es sich insbesondere um eine Begegnungskrise. Man könnte in gewisser Weise auch von einer Krise „des Büros" oder „der Werkhalle" sprechen.
- Unternehmen sollten ihre Aktivitäten im Employer Branding während einer Krise unbedingt aufrechterhalten, um nach der Krise rasch wieder am Aufschwung teilhaben zu können.
- Die Corona-Pandemie stellte einen Beschleuniger für die zuvor schon in einigen Bereichen zu beobachtenden Digitalisierungsbestrebungen im Employer Branding dar.
- Und das Wichtigste zum Schluss: Unternehmen sollten keine Versprechungen machen, die sie während oder nach einer Krise nicht halten können. Kluges Abwägen ist auch hier das Mittel der Wahl.

Literatur

Achor, S. et al., (2018). 9 out of 10 people are willing to earn less money to do more-meaningful work. https://hbr.org/2018/11/9-out-of-10-people-are-willing-to-earn-less-money-to-do-more-meaningful-work. Zugegriffen: 31. Aug. 2022.

Aerzteblatt.de (2021). Pandemie wirkt sich negativ auf körperliche und psychische Gesundheit am Arbeitsplatz aus. https://www.aerzteblatt.de/nachrichten/129575/Pandemie-wirkt-sich-negativ-auf-koerperliche-und-psychische-Gesundheit-am-Arbeitsplatz-aus. Zugegriffen: 31. Aug. 2022.

Allen, D. G., et al. (2004). Recruitment communication media: Impact on Prehire outcomes. *Personnel Psychology, 57*(1), 143–171.

Ambler, T., & Barrow, S. (1996). The employer brand. *Journal of Brand Management, 4*(3), 185–206.

Argenti, P., & Druckenmiller, B. (2004). Reputation and the corporate brand. *Corporate Reputation Review, 6*(4), 368–374.

Ashforth, B. E. (2020). Identity and identification during and after the pandemic: How might COVID-19 change the research questions we ask? *Journal of Management Studies, 57*(8), 763–766.

Azizi, M. R., et al. (2021). Innovative human resource management strategies during the COVID-19 pandemic: A systematic narrative review approach. *Heliyon, 7*(6), 1–9.

Backhaus, K. (2004). An exploration of corporate recruitment descriptions on monster.com. *Journal of Business Communications, 41*(2), 115–136.

Backhaus, K. (2016). Employer branding revisited. *Organization Management Journal, 13*(4), 193–201.

Backhaus, K., & Tikoo, S. (2004). Conceptualizing and researching employer branding. *Career Development International, 9*(5), 501–517.

Backovic, L. (2019). Jeder Zweite will seinen Job kündigen – Sieben Anzeichen dafür, dass auch für Sie die Zeit zu gehen gekommen ist. https://www.handelsblatt.com/karriere/karriere-jeder-zweite-will-seinen-job-kuendigen-sieben-anzeichen-dafuer-dass-auch-fuer-sie-die-zeit-zu-gehen-gekommen-ist/27881462.html. Zugegriffen: 31. Aug. 2022.

Bernau, V., et al. (2. September 2022). Wir stellen ein! *WirtschaftsWoche, 36,* 15–21.

Berthon, P., et al. (2005). Captivating company: Dimensions of attractiveness in employer branding, international journal of advertising. *International Journal of Advertising, 24*(2), 151–172.

Bundesagentur für Arbeit. (2021). Anzahl der Betriebe mit Kurzarbeit in Deutschland im Jahresdurchschnitt von 1992 bis 2021. https://de.statista.com/statistik/daten/studie/154744/umfrage/anzahl-der-kurzarbeit-anbietenden-betriebe-in-deutschland-seit-1991/. Zugegriffen: 31. Aug. 2022.

Bundesregierung. (2020). Maßnahmen der Bundesregierung zur Eindämmung der COVID-19-Pandemie und zur Bewältigung ihrer Folgen. https://www.bundesregierung.de/res ource/blob/975226/1747726/0bbb9147be95465e9e845e9418634b93/2020-04-27-zwb ilanz-corona-data.pdf?download=1. Zugegriffen: 31. Aug. 2022.

Chambers, E. G., et al. (1998). The war for talent. *McKinsey Quarterly, 3*(3), 44–57.

Collins, C. J., & Stevens, C. K. (2002). The relationship between early recruitment-related activities and the application decisions of new labor-market entrants – A brand equity approach to recruitment. *Journal of Applied Psychology, 87*(6), 1121–1133.

Coombs, T. W. (2007). *Ongoing crisis communication: Planning, managing, and responding.* Sage Publications.

Coombs, T. W., & Holladay, S. J. (2010). *The handbook of crisis communication.* John Wiley & Sons.

Dettmers, S. (2022). Wie Arbeiterlosigkeit unsere Welt bedroht – und der richtige Job uns retten kann. https://www.linkedin.com/pulse/wie-arbeiterlosigkeit-unsere-welt-bedroht-und-der-job-dettmers/?trk=public_profile_article_view. Zugegriffen: 31. Aug. 2022.

Deutsche Gesellschaft für Personalführung e. V. (DGFP). (2012). *Employer Branding – Die Arbeit-gebermarke gestalten und im Personalmarketing umsetzen* (2. Aufl.).

Döring, N., & Bortz, J. (2016). *Forschungsmethoden und Evaluation in den Sozial- und Humanwissenschaften.* Springer, Wiesbaden.

Dragano, N., et al. (2022). Increase in mental disorders during the COVID-19 pandemic – The role of occupational and financial strains. An analysis of the German National Cohort (NAKO) study. *Deutsches Ärzteblatt International, 119,* 179–187.

Drucker, P. (1982). *The changing world of the executive.* Crown Publishing Group, New York.

Edwards, M. R. (2010). An integrative review of employer branding and OB theory. *Personell Review, 39*(1), 5–23.

Einwiller, S. (2022). Reputation und Image in der Unternehmenskommunikation: Grundlagen, Einflussmöglichkeiten, Management. In A. Zerfaß et al. (Hrsg.), *Handbuch Unternehmenskommunikation* (3. Aufl., 371–392). Springer Gabler, Wiesbaden.

Ewing, M. T., et al. (2002). Employment branding in the knowledge economy. *Journal of Advertising, 21*(1), 3–22.

Flick, U. et al. (2019). *Qualitative Forschung: Ein Handbuch* (13. Aufl.). Rowohlt, Hamburg.

Fölsing, A. (2017). Arbeitgeberimage – Begriff, Wirkung, Gestaltung, *Wirtschaftswissenschaftliches Studium (WiSt),* 5, 48–50.

Fournier, J. et al. (2019). Marke und Branding. In G. Hesse, & R. Mattmüller (Hrsg.), *Perspektivwechsel im Employer Branding – Neue Ansätze für die Generationen Y und Z* (2. Aufl., 19–54). Springer, Wiesbaden.

Fried, H. (1963). *Die Stellenanzeige – Ein Mittel der Personalwerbung.* Forschungsstelle für Betriebswirtschaft und Sozialpraxis, Mannheim.

Fritz, W. et al. (2019). *Marketing – Elemente marktorientierter Unternehmensführung.* (5. Aufl.). Kohlhammer, Stuttgart.

Gladwell, M. (2002). The Talent Myth – Are smart people overrated? https://www.newyorker.com/magazine/2002/07/22/the-talent-myth. Zugegriffen: 31. Aug. 2022.

Gläser, J., & Laudel, G. (2010). *Experteninterviews und qualitative Inhaltsanalyse* (4. Aufl.). Springer VS, Wiesbaden.

Gmür, M., et al. (2002). Employer Branding – Schlüsselfunktion im strategischen Personalmarketing. *Personal, 54*(10), 12–16.

Habicht, H. (2009). Universitäten und Image – Entwicklung und Erprobung eines stakeholderorientierten Erhebungsinstrumentariums. In A. Picot et al. (Hrsg.), *Markt- und Unternehmensentwicklung*. Springer Gabler, Wiesbaden.

Hans-Böckler-Stiftung. (2021). Anteil der im Homeoffice arbeitenden Beschäftigten in Deutschland vor und während der Corona-Pandemie 2020 und 2021. https://de.statista. com/statistik/daten/studie/1204173/umfrage/befragung-zur-homeoffice-nutzung-in-der-corona-pandemie/. Zugegriffen: 31. Aug. 2022.

Heider-Winter, C. (2014). *Employer Branding in der Sozialwirtschaft – Wie Sie als attraktiver Arbeitgeber die richtigen Fachkräfte finden und halten*. Springer Gabler, Wiesbaden.

Heinzen, M., & Weckmüller, H. (2021). Future Work: Arbeitsortgestaltung zwischen Büro und Homeoffice *Personal quarterly, 73*,(3), 3.

Helfferich, C. (2011). *Die Qualität qualitativer Daten: Manual für die Durchführung qualitativer Interviews* (4. Aufl.). Springer VS, Wiesbaden.

Holtbrügge, D. (2022). *Personalmanagement* (8. Aufl.). Springer Gabler, Wiesbaden.

Hopf, C. (1978). Die Pseudo-Exploration – Überlegungen zur Technik qualitativer Interviews in der Sozialforschung. *Zeitschrift für Soziologie, 7*(2), 97–115.

IAB. (2022). Ergebnisse der IAB-Stellenerhebung für das zweite Quartal 2022: Offene Stellen erreichen mit 1,93 Millionen erneut ein Allzeithoch. https://www.iab.de/de/inform ationsservice/presse/presseinformationen/stellenerhebungos2202.aspx. Zugegriffen: 31. Aug. 2022.

ifo. (2022). Ifo Beschäftigungsbarometer sinkt erneut (Juli 2022). https://www.ifo.de/fakten/ 2022-07-27/ifo-beschaeftigungsbarometer-sinkt-erneut-juli-2022. Zugegriffen: 31. Aug. 2022.

Immerschitt, W., & Stumpf, M. (2019). *Employer Branding für KMU – Der Mittelstand als attraktiver Arbeitgeber* (2. Aufl.). Springer VS, Wiesbaden.

Itam, U., et al. (2020). HRD indicators and branding practices: A viewpoint on the employer brand building process. *European Journal of Training and Development, 44*(6–7), 675–694.

Kannig, U. P. (2017). Personalmarketing, Employer Branding und Mitarbeiterbindung – Forschungsbefunde und Praxistipps aus der Personalpsychologie. Springer VS, Wiesbaden.

Kissel, P., & Büttgen, M. (2015). Using social media to communicate employer brand identity: The impact on corporate image and employer attractiveness. *Journal of Brand Management, 22*(9), 755–777.

Kniffin, K. M., et al. (2021). COVID-19 and the workplace: Implications, issues, and insights for future research and action. *American Psychologist, 76*(1), 63–77.

Koenen, J. (2022). Verspätungen und Ausfälle: Das Flugchaos droht im Sommer noch schlimmer zu werden. https://www.handelsblatt.com/unternehmen/handel-konsumgue ter/luftfahrt-verspaetungen-und-ausfaelle-das-flugchaos-droht-im-sommer-noch-schlim mer-zu-werden/28423960.html. Zugegriffen: 31. Aug. 2022.

Kossen, C., & van der Berg, A. (2022). When the exception becomes the norm: A quantitative analysis of the dark side of work from home. *German Journal of Human Resource Management, 36*(3), 213–237.

Kniffin, K. M., et al. (2021). COVID-19 and the workplace: Implications, issues, and insights for future research and action. *American Psychologist, 76*(1), 63–77.

Kriegler, W. R. (2012). *Praxishandbuch Employer Branding: Mit starker Marke zum attraktiven Arbeitgeber*. Haufe, Freiburg im Breisgau.

Kucherov, D., & Zavyalova, E. (2012). HRD practices and talent management in the companies with the employer brand. *European Journal of Training and Development, 36*(1), 86–104.

Kuckartz, U. (2018). *Qualitative Inhaltsanalyse: Methoden, Praxis, Computerunterstützung* (4. Aufl.). Beltz, Weinheim.

Kurniawan, D. T., et al. (2020). How COVID-19 pandemic changes job seeker perceptions about an Indonesian giant startup as top employers: Perceptions of generation Z. *Advances in Economics, Business and Management Research, 160,* 290–299.

Lamnek, C., & Krell, S. (2016). *Qualitative Sozialforschung*. Beltz, Weinheim.

Liebold, R., & Trinczek, R. (2009). Experteninterviews. In S. Kühl et al. (Hrsg.), *Handbuch Methoden der Organisationsforschung: Quantitative und Qualitative Methoden* (S. 32–56). Springer VS, Wiesbaden.

Lievens, F., & Slaughter, J. E. (2016). Employer image and employer branding: What we know and what we need to know. *Annual Review of Organizational Psychology and Organizational Behavior, 3,* 407–440.

Lloyd, S. (2002). Branding from the inside out. *Business Review Weekly, 24*(10), 64–66.

Maxwell, R., & Knox, S. (2009). Motivating employees to „Live the Brand": A comparative case study of employer brand attractiveness within the firm. *Journal of Marketing Management, 25*(9), 893–907.

Mayring, P. (2015). *Qualitative Inhaltsanalyse – Grundlagen und Techniken* (12. Aufl.). Beltz, Weinheim.

Merten, K. (2014). Krise, Krisenmanagement und Krisenkommunikation. In A. Thießen (Hrsg.), *Handbuch Krisenmanagement* (2. Aufl., S. 155–176). Springer VS, Wiesbaden.

Mosley, R. (2007). Customer experience, organisational culture and the employer brand. *Journal of Brand Management, 15*(2), 123–134.

Nagel, K. (2011). *Employer Branding: Starke Arbeitgebermarken jenseits von Marketingphrasen und Werbetechniken*. Linde, Wien.

Pearson, C. M., & Clair, J. A. (1998). Reframing crisis management. *Academy of Management Review, 23*(1), 59–76.

Petkovic, M. (2008). *Employer Branding: Ein markenpolitischer Ansatz zur Schaffung von Präferenzen bei der Arbeitgeberwahl* (2. Aufl.). Rainer Hampp, Augsburg.

Pfeffer, J. (2001). Fighting the war for talent is hazardous to your organization's health. *Organization Dynamics, 29*(4), 248–259.

Priyadarshi, P. (2011). Employer brand image as predictor of employee satisfaction, affective commitment & turnover. *Indian Journal of Industrial Relations, 46*(3), 510–522.

Randstad. (2020). Händewaschen wird allein nicht mehr reichen. https://www.randstad.de/ueber-randstad/presse/personalmanagement/haendewaschen-wird-allein-nicht-mehr-reichen/. Zugegriffen: 31. Aug. 2022.

Redwitz, F. (2016). Die Identität der Arbeitgebermarke – Eine explorative Studie zur Entwicklung eines Modells der Arbeitgebermarke, Dissertation, TU Chemnitz.

Reuschke, D., & Felstead, A. (2020). Changing workplace geographies in the covid-19 crisis. *Dialogues in Human Geography, 10*(2), 208–212.

Riecken, M. (2014). Erfolgskritische Faktoren der angewandten Krisenkommunikation. In A. Thießen (Hrsg.), *Handbuch Krisenmanagement* (S. 319–332). Springer VS, Wiesbaden.

Rousseau, D. M., et al. (2006). I-Deals. Idiosyncratic terms in employment relationships. *Academy of Management Review, 31*(4), 977–994.

Schahinian, D. (2020). Der Moment der Wahrheit. https://www.die-employer-branding-ber aterin.de/wp-content/uploads/Employer-Branding-Round-Table-der-Personalwirtschaft-Juli-2020.pdf. Zugegriffen: 31. Aug. 2022.

Scheele, D. (2022). Die Arbeit wird uns nicht ausgehen – aber... https://www.wiwo.de/ politik/deutschland/arbeitnehmermarkt-die-arbeit-wird-uns-nicht-ausgehen-aber-/285 05482.html. Zugegriffen: 31. Aug. 2022.

Schein, E. (1995). *Unternehmenskultur: Ein Handbuch für Führungskräfte.* Campus, Frankfurt am Main.

Schmidt, J., et al. (2020). Generationsdebatte: Immer noch viel Lärm um nichts? *Wirtschaftswissenschaftliches Studium (WiSt), 10,* 11–17.

Schmidt, J., & Voigt, L. (2023). Gütekriterien in der qualitativen Managementforschung. *Wirtschaftswissenschaftliches Studium (WiSt).*

Schmidt-Gothan, H. (2008). *Holistisches Sanierungs- und Wertmanagement.* Springer Gabler, Wiesbaden.

Scholz, C. (2011). *Grundzüge des Personalmanagements.* Vahlen, München.

Scholz, C. (2014). *Personalmanagement – Informationsorientierte und verhaltenstheoretische Grundlagen.* Vahlen, München.

Seidman, D. (2020). The state of moral leadership in business 2020. https://thehowinstitute. org/the-state-of-moral-leadership-in-business-2020/. Zugegriffen: 31. Aug. 2022.

Sivertzen, A.-M. (2013). Employer branding: Employer attractiveness and the use of social media. *Journal of Product and Brand Management, 22*(7), 473–483.

Sponheuer, B. (2010). *Employer Branding als Bestandteil einer ganzheitlichen Markenführung.* Springer Gabler, Wiesbaden.

Sprenger, R. K. (2007). *Das Prinzip Selbst-Verantwortung – Wege zur Motivation.* Campus, Frankfurt am Main.

Stotz, W., & Wedel, A. (2009). *Employer Branding: Mit Strategie zum bevorzugten Arbeitgeber.* De Gruyter, Berlin.

Stotz, W., & Wedel-Klein, A. (2013). *Employer Branding – Mit Strategie zum bevorzugten Arbeitgeber* (2. Aufl.). De Gruyter, Berlin.

Sullivan, J. (2004). Eight elements of a successful employment brand. *ER Daily, 23*(2), 501–517.

Süß, S. (2022). Arbeitgeberbezogene Erfahrungen während der COVID-19-Pandemie: Was folgt für die Arbeit in der Zukunft? *Schmalenbach IMPULSE, 2*(2), 1–7.

Suzman, J. (2021). *Sie nannten es Arbeit – Eine andere Geschichte der Menschheit* (4. Aufl.). Beck, München.

Töpfer, A. (2014). Die Managementperspektive im Krisenmanagement – Welche Rolle spielt das Management bei der Bewältigung von Krisensituationen? In A. Thießen (Hrsg.), *Handbuch Krisenmanagement* (S. 239–270). Springer, Wiesbaden.

Trost, A. (2009). *Employer Branding – Arbeitgeber positionieren und präsentieren.* Luchterhand, München.

Trost, A. (2022). Hört auf, eure Leute zu verhätscheln! *Harvard Business Manager, 2022*(7), 30–35.

Tumasjan, A., et al. (2020). Linking Employer Branding Orientation and Firm Performance - Testing a Dual Mediation Route of Recruitment Efficiency and Positive Affective Climate. *Human Resource Management, 59*(1), 83–99.

von der Oelsnitz, D. (1994). *Prophylaktisches Krisenmanagement durch antizipative Unternehmensflexibilisierung.* Josef Eul, Siegburg.

von der Oelsnitz, D. et al. (2007). *Der Talente-Krieg: Personalstrategie und Bildung im globalen Kampf um Hochqualifizierte.* Haupt, Bern.

von der Oelsnitz, D. (2022). *Demut: Leise Führung für eine laute Zeit.* Vahlen, München.

WHO – World Health Organization. (2020a). Statement on the second meeting of the International Health Regulations (2005) Emergency Committee regarding the outbreak of novel coronavirus (2019-nCoV). https://www.who.int/news/item/30-01-2020-statement-on-the-second-meeting-of-the-international-health-regulations-(2005)-emergency-committee-regarding-the-outbreak-of-novel-coronavirus-(2019-ncov). Zugegriffen: 31. Aug. 2022.

WHO – World Health Organization. (2020b). WHO Director-General's opening remarks at the media briefing on COVID-19 – 11 March 2020. https://www.who.int/director-general/speeches/detail/who-director-general-s-opening-remarks-at-the-media-briefing-on-covid-19---11-march-2020. Zugegriffen: 31. Aug. 2022.

Wilden, R., et al. (2010). Employer branding: Strategic implications for staff recruitment. *Journal of Marketing Management, 26*(1–2), 56–73.

Printed by Printforce, the Netherlands